# Libertação e gratuidade

**Reflexões teológicas sobre a espiritualidade**

Claudio de Oliveira Ribeiro

Paulinas

Dados Internacionais de Catalogação na Publicação (CIP)
(Câmara Brasileira do Livro, SP, Brasil)

Ribeiro, Claudio de Oliveira
  Libertação e gratuidade : reflexões teológicas sobre a espiritualidade / Claudio de Oliveira Ribeiro. – São Paulo : Paulinas, 2013. – (Coleção percursos & moradas)

  Bibliografia.
  ISBN 978-85-356-3430-3

  1. Espiritualidade  2. Reflexões teológicas  3. Teologia  4. Teologia da libertação  I. Título.  II. Série.

13-00927                                                                 CDD-248

Índices para catálogo sistemático:
1. Espiritualidade e teologia : Cristianismo   248
2. Teologia e espiritualidade : Cristianismo   248

Direção-geral: *Bernadete Boff*
Conselho editorial: *Dr. Afonso M. L. Soares*
*Dr. Antonio Francisco Lelo*
*Me. Luzia Maria de Oliveira Sena*
*Dra. Maria Alexandre de Oliveira*
*Dr. Matthias Grenzer*
*Dra. Vera Ivanise Bombonatto*
Editores responsáveis: *Vera Ivanise Bombonatto e Afonso M. L. Soares*
Copidesque: *Cirano Dias Pelin*
Coordenação de revisão: *Marina Mendonça*
Revisão: *Mônica Elaine G. S. da Costa*
Assistente de arte: *Ana Karina Rodrigues Caetano*
Gerente de produção: *Felício Calegaro Neto*
Projeto gráfico: *Wilson Teodoro Garcia*
Diagramação: *Jéssica Diniz Souza*

1ª edição – 2013

*Nenhuma parte desta obra poderá ser reproduzida ou transmitida por qualquer forma e/ou quaisquer meios (eletrônico ou mecânico, incluindo fotocópia e gravação) ou arquivada em qualquer sistema ou banco de dados sem permissão escrita da Editora. Direitos reservados.*

Paulinas
Rua Dona Inácia Uchoa, 62
04110-020 – São Paulo – SP (Brasil)
Tel.: (11) 2125-3500
http://www.paulinas.org.br – editora@paulinas.com.br
Telemarketing e SAC: 0800-7010081
© Pia Sociedade Filhas de São Paulo – São Paulo, 2013

# Sumário

Prefácio ..................................................................................................... 5
    A espiritualidade: a seiva da religião e da Igreja ............................... 5

Introdução ................................................................................................ 7

1. O encontro com a vida e com a Bíblia:
uma espiritualidade que nasce e renasce da fé ................................ 17
    A espiritualidade humana é dom de Deus ......................................... 18
    Viver é interpretar ............................................................................... 19
    A Bíblia: fonte básica da espiritualidade cristã ................................... 20
    A difícil relação entre espiritualidade e teologia ................................. 22
    A relação entre a fé e a vida .............................................................. 23
    A norma teológica: o Êxodo e a Sabedoria ....................................... 25
    "Falar de Deus em meio à pobreza e ao sofrimento" ........................ 27

2. O encontro com o Evangelho:
uma espiritualidade que surge no caminho ...................................... 35
    Para entender o Evangelho de Marcos .............................................. 36
    A experiência na Galileia: a teologia oficial em questão ................... 38
    A caminho de Jerusalém: tempo de crise e opções radicais ............. 42
    O ministério de Jesus em Jerusalém: o conflito decisivo .................. 45
    Uma tentativa de atualização ............................................................. 52

3. O encontro com a fragilidade humana:
uma espiritualidade que vai da fraqueza à força .............................. 57
    A proclamação da situação-limite do ser humano ............................. 60
    O ser humano em busca de salvação ................................................ 69

4. O encontro das religiões:
   uma espiritualidade que brota da aprendizagem com o outro........ 77
      Religiões, diálogo e direitos humanos ...................................... 81
      O valor da mística e da alteridade .......................................... 85
      O diálogo ecumênico como afirmação da vida........................... 88
      A centralidade do Reino de Deus na reflexão teológica
      e na prática pastoral............................................................... 91
      Mudança de lugar teológico a partir da realidade das
      culturas religiosas afro-indígenas ............................................ 95

5. O encontro com a vida comunitária:
   uma espiritualidade da comunhão e da solidariedade................... 101
      A comunidade como lugar de abertura, de fé e de gratuidade.............. 104
      A comunidade como lugar privilegiado de diálogo, autenticidade e
      comunhão ............................................................................. 106
      A comunidade como espaço de expressão devocional e lúdica ............ 112
      A comunidade como canal de solidariedade, partilha e serviço............ 117

6. O encontro com a natureza e com a história:
   uma espiritualidade que emerge na força do Espírito.................... 125
      A teologia wesleyana da criação............................................. 127
      "Uma pneumatologia integral":
      a contribuição de Jürgen Moltmann ....................................... 135
      A espiritualidade ecoteológica de Leonardo Boff......................... 142

À guisa de confissão ...................................................................... 157
   É possível ser igual a Deus?....................................................... 158
   Jesus, o caminho e a nossa vida ................................................. 162

# Prefácio

## A espiritualidade: a seiva da religião e da Igreja

Claudio de Oliveira Ribeiro é um teólogo evangélico, professor na Universidade Metodista de São Paulo e ao mesmo tempo um zeloso pastor de almas no Rio de Janeiro.

Notamos nas últimas décadas grave crise nas religiões e Igrejas. Não acertaram o passo com as grandes transformações modernas e não souberam inventar palavras que suscitassem encantamento espiritual e novo sentido de vida.

Simultaneamente e como contraponto, irrompeu fortemente a chama espiritual. De todas as partes emergem grupos de oração e meditação e se instauram novas formas de viver em comunidade a fé cristã ou espiritualidades de outra origem. Proliferam novas denominações cristãs, geralmente de cunho carismático. Muitas delas manifestam traços fundamentalistas ou se servem da lógica do mercado para penetraram nas grandes massas. Estas se sentem destituídas e sedentas de mensagens que vão além dos interesses meramente intramundanos e do cinzento do cotidiano, marcado pelo trabalho explorado e por todo tipo de carências.

O autor mantém esta realidade como transfundo de seu trabalho. Mas se concentra numa realidade mais complexa e elaborada, que é a presença da espiritualidade no campo mesmo da teologia sistemática, ecumênica e pluricultural. Ela se apresenta como a seiva secreta que alimenta as instituições e, mais que tudo, a vida das religiões e das Igrejas.

Claudio de Oliveira Ribeiro dialoga com a grande tradição bíblica e, como seria de se esperar, com as contribuições relevantes de teólogos de vertente evangélica, como Karl Barth e Paul Tillich. Mas sabe usá-los nos quadros de uma hermenêutica atualizadora que sempre tem a ver com a vida que levamos hoje em dia.

Espaço significativo o autor reserva ao diálogo inter-religioso, fenômeno inerente ao atual processo de globalização da existência humana.

Primeiramente, trata-se de garantir a legitimidade das diferenças. Mas ao mesmo tempo enfatiza a complementariedade e a convergência de todas as expressões no serviço à vida, à humanidade sofredora e à salvaguarda do planeta Terra.

Importantes são as reflexões bem contemporâneas sobre espiritualidade e natureza, como é entendida dentro do paradigma novo, nascido das ciências da vida e da Terra. Aí vê a ação do Espírito levando avante um processo que está em ação desde o início da criação e que continuará até a sua culminância feliz.

De um teólogo evangélico se espera sempre um tratamento da situação fragmentada da existência humana de onde emerge o grito da esperança e a súplica por salvação. Um capítulo é dedicado a essa temática, abordada no fino trato e sutileza existencial.

Estamos diante de um texto fluente, bem articulado, fundado no melhor da teologia contemporânea. O resultado final de sua leitura é a convicção de que, não obstante o peso da existência coletiva, vale a pena crer e por aí tornar leve nossa caminhada. Esta vem perpassada de graça, misericórdia, perdão e alegre sentido de vida, dimensões nascidas de uma experiência viva e cotidiana do Espírito na história.

*Leonardo Boff*

# Introdução

"O Reino de Deus é semelhante ao fermento
que uma mulher tomou e escondeu em três medidas
de farinha, até tudo ficar levedado."
(cf. Lc 13,21)

"Conhecer as manhas e as manhãs, o sabor das massas
e das maçãs. É preciso amor pra poder pulsar.
É preciso paz pra poder sorrir. É preciso chuva para florir."
(Almir Sater, *Tocando em frente*)

Tempos atrás afirmei que nas próximas décadas a teologia será mais integrada à espiritualidade. Isso se dará como reação e resposta aos desafios advindos das mais diversas formas de vivência espiritual que despertaram e se fortaleceram na passagem para o século XXI. Estão inclusas a espiritualidade da libertação, com sua dimensão profética, política e ecumênica, assim como as expressões religiosas de caráter mais individualista e avivalista, passando também pelas influências, que serão crescentes, das formas de espiritualidade das religiões não cristãs. A missão de Deus desenvolvida pelas Igrejas precisará se debruçar com maior atenção e zelo no campo da espiritualidade. Falta-nos uma mística da missão. Faltam-nos também uma mística e uma cultura da paz. Um grande desafio é articular a relação da sociedade com as Igrejas e a visão missionária delas pelo viés da paz. Por que não podemos cantar canções que falem da paz? A missão requer, portanto, uma espiritualidade, como vocação do Pai destinada a toda a criação, presença do Espírito Santo na vida humana, que faz com que pessoas, comunidades e instituições caminhem juntas, a partir das referências do ministério de Cristo, em direção ao estabelecimento do Reino de Deus.

Com essas afirmações finalizei uma palestra na qual fui chamado a olhar prospectivamente a situação da teologia. Naquela oportunidade, em meio a outras indicações, disse que nas próximas décadas – e como recurso didático imaginei o ano de 2030 – a educação teológica, mas também as reflexões teológicas em geral, serão mais integradas à espiritualidade. Será que isso, de fato, ocorrerá?

Há tempos, ainda na década de 1990, participei de um encontro entre teólogos brasileiros ligados aos movimentos evangelical e ecumênico e ouvi em uma das apresentações uma frase que, embora simples, marcou bastante as minhas reflexões e a minha vida. O pastor Ricardo Barbosa nos disse naquela ocasião que "a teologia precisa ser mais espiritual e a espiritualidade necessita ser mais teológica". Trata-se de um desafio singular que tenho buscado em minha trajetória pastoral e acadêmica. Gostaria muito de um dia poder dar uma contribuição mais efetiva nessa área e reconheço que as ideias a seguir são limitadas, incipientes, e precisariam ser muito mais e mais bem desenvolvidas. Considero, portanto, que, não podendo pagar essa enorme dívida, intuo uma ou outra visão que possa, ao se somar a outras de tantos pensadores que hoje se debruçam sobre tais preocupações, ser algo que motive a reflexão e, sobretudo, as experiências de vida em torno de uma espiritualidade viva, autêntica, e que alimente hoje nossos sonhos e os desafios missionários.

Considero também que a espiritualidade não pode se transformar em um tema ou em algo estanque e à parte que "também" precisa ser levado em conta. Algo como o que certos setores teológicos latino-americanos fizeram com as questões que emergiam da vida das mulheres, das pessoas e grupos negros e das nações indígenas. Uma boa intenção em ampliar o leque temático teológico, mas que nem sempre esteve integrada ao todo da reflexão teológica, interpelando-a "por dentro" e integralmente. Partimos de outra pressuposição: a espiritualidade necessita ser algo que transpasse toda a vida humana e cósmica e que perpasse toda e qualquer reflexão teológica. É fato que estamos reservando o espaço deste livro para tratar da espiritualidade. Isso poderia nos dar a ideia de que estamos diante de um tema teológico a mais. No entanto, fazemos isso com a consciência de se tratar de um mero recurso pedagógico em nossa produção. Nosso desejo e compreensão é que os temas de teologia bíblica, de sistemática, de pastoral, incluindo a relação com a cultura, com a história e com a racionalidade moderna, requerem uma espiritualidade própria, inerente, como que "colada" aos eixos e núcleos básicos da reflexão teológica. A espiritualidade entremeia toda a vida e também a totalidade das reflexões teóricas. Por ora, ofereço apenas algumas indicações no campo da espiritualidade que caminham na direção das tensões entre fé e razão, tão fortes na maioria dos círculos teológicos.

Algumas das reflexões a seguir eu já havia apresentado na parte final do meu livro *A Teologia da Libertação morreu? Reino de Deus e espiritualidade hoje* (São Paulo/Aparecida: Fonte Editorial/Santuário, 2010) e tiveram certa reação positiva de alguns leitores. Trato mais especificamente da igualmente delicada relação entre libertação e gratuidade. O pano de fundo são as difíceis equações entre uma fé vinculada às urgências políticas, sociais e históricas, como fui formado desde a juventude, e a espiritualidade que possa dar sentido a tudo isso e à vida em geral, especialmente em momentos de crise.

A reflexão metodológica e teológica em torno das questões sobre o Reino de Deus e sua relação com a história e com a política, como é a vocação latino-americana, nos remete, por diferentes razões, à reflexão sobre a espiritualidade. Aliás, os setores com perfil mais conservador, tanto política como eclesialmente, em geral afirmam – sem grandes cuidados – que a "Teologia da Libertação não tem espiritualidade". Será tal afirmação verdadeira? Com muita certeza, não. Mas por que será que afirmam assim? Obviamente, há elementos ideológicos, políticos e outros por detrás dessa "acusação". Mas o fio que desejamos puxar é a difícil relação entre a teologia, devido às suas bases racionais constitutivas, e as formas mais autênticas e libertadoras de espiritualidade.

Nas considerações finais daquele livro, retomei em síntese alguns desafios para o método teológico latino-americano e considero que alguns deles podem ser úteis para as nossas reflexões sobre a espiritualidade. Reproduzo os que considero mais urgentes:

- A realidade precisa ser compreendida com profundidade, especialmente tendo em vista a complexidade social. A visão bipolar dominados $x$ dominantes é insuficiente para se compreenderem as questões relativas ao contexto social.

- É necessário interpretar, a partir de uma perspectiva libertadora, as questões que são suscitadas pelo povo em um contexto de "reajuste" socioeconômico e não somente de libertação social.

- É preciso compreender as implicações teológicas e pastorais advindas da relação entre comunidade e massa. Essa dialética possibilita abertura à cultura popular, por um lado, e autenticidade a partir dos valores básicos do Evangelho, por outro.

- A teologia e a pastoral necessitam integrar e articular as linguagens de natureza "sapiencial-integrativa" e as de caráter "crítico-dialético-profético".

- Há necessidade de se superarem os reducionismos antropológicos, que valorizam somente os aspectos mais racionais do ser humano, que podem também gerar formas de autoritarismos, idealismos e machismos.

- Urge uma articulação (e não mera justaposição) de temas especificamente religiosos — como a salvação, o perdão, a escatologia, o louvor — com os políticos e sociais — como a atuação política dos cristãos, a solidariedade, a busca de cidadania, a defesa dos direitos humanos e outros.

- Diante do crescimento e do fortalecimento dos movimentos religiosos, há necessidade de a teologia relativizar os "sagrados sociológicos" — em que, a elementos meramente humanos, é atribuída artificialmente uma dimensão sagrada — e destacar o "sagrado religioso", ainda que ele seja impenetrável e misterioso.

- Destacar o horizonte ecumênico necessário para a relevância bíblica e teológica de toda e qualquer iniciativa nos campos pastoral e teológico.

Na referida obra, compartilhei algo bem pessoal, que julgo oportuno retomar aqui. Trata-se de minha recordação do meu tempo de criança, quando ouvia de minha avó, mulher simples e de muita sabedoria e sensibilidade espiritual, as perguntas sobre uma expressão escatológica comum na época: "de mil passará, a dois mil não chegará". Tratava-se das expectativas, com décadas de antecedência, daquilo que estava por vir com o novo milênio. Direta ou indiretamente, tais expectativas de um fim próximo ou iminente geravam formas de espiritualidade marcadas por despojamento e simplicidade de vida, pela entrega a Deus dos destinos da vida e do mundo, pela ânsia de compreender a Bíblia e de ler os sinais dos tempos.

O século XXI chegou e derrubou a referida "profecia". Ao mesmo tempo, as expressões de espiritualidade se diversificaram, os desafios teológicos e pastorais se tornaram ainda mais complexos, despojamento e simplicidade não mais marcam majoritariamente a vida social e eclesial e o novo século passou a exigir novas compreensões da fé e um discernimento mais profundo no campo da espiritualidade.

Para oferecer essas reflexões sobre espiritualidade utilizei a expressão "encontro", pois considero que a experiência do encontro é fonte genuína da vivência espiritual. De certo modo, trata-se de um "acerto de contas" com a própria vida. Em meu caso pessoal, tais reflexões foram organizadas aqui na marca dos meus cinquenta anos de idade, dos quais os últimos – quase trinta – vividos dentro da experiência pastoral. Não é por acaso que aparecem aqui referências bíblicas e teológicas que marcaram e ainda estão fortemente presentes em minha vida. Ao lado disso, estão pressupostas muitas experiências – sociais, pastorais, políticas, interpessoais, institucionais, acadêmicas e populares –, todas ambíguas naturalmente, pois assim é a vida. São "encontros" que tive e tenho no decorrer dos anos e que me trouxeram muitas alegrias, algumas dores e perguntas; sobretudo, inúmeras perguntas.

Considero que seis encontros precisam ser vislumbrados na busca de uma espiritualidade autêntica, saudável e promotora da vontade de Deus no mundo. São encontros que eu, como já me referi, tive em minha trajetória de vida. São marcas profundas de algo que temos, ainda que fragmentariamente, mas que ansiosamente desejamos: (i) o encontro com a vida e com a Bíblia, (ii) com o Evangelho, (iii) com a fragilidade humana, (iv) o encontro das religiões, (v) com a vida comunitária e (vi) com a natureza e com a história.

O primeiro, portanto, denominei um encontro com a vida e com a Bíblia. Esse é um dos tesouros espirituais da teologia latino-americana, obviamente encontrado e vivido anteriormente por diversas pessoas e grupos em diferentes épocas e culturas. Assim como nos demais campos da teologia cristã, para refletir sobre espiritualidade, se impõem o estudo aprofundado e a leitura adequada da Bíblia, obviamente levando em conta os padrões da racionalidade Moderna e Pós-Moderna. Não se trata de menosprezar o diálogo inter-religioso; ao contrário, consideramos que, quanto mais bíblicos formos como cristãos e cristãs, mais ecumênicos seremos.

Trago para essa reflexão a adaptação de um texto que produzi para o "Círculo do Rio", um grupo de amigas e amigos pesquisadores que tiveram a formação na Pontifícia Universidade Católica do Rio de Janeiro, onde fiz meus estudos de pós-graduação em Teologia. Do livro *Espiritualidade cristã em tempos de mudança: contribuições teológico-pastorais*, organizado por Alfonso Garcia Rubio e Joel Portella Amado (Petrópolis: Vozes, 2009), editei e adaptei minha contribuição a essa obra, que teve o título "Abrindo a Bíblia – saborear a Palavra de Deus nos dias de hoje", que apresento agora como esse primeiro e desafiador encontro com a vida e com a Bíblia.

O segundo encontro, igualmente firmado na Bíblia, é com o Evangelho. Trata-se de um caminho espiritual profundo e com marcas nítidas, não obstante os caminhos de Deus não serem como os nossos, para usar uma expressão profética em Isaías, e que o Evangelho nos surpreende a cada momento. Mesmo assim, propomos esse encontro e o fazemos a partir de uma leitura do Evangelho de Marcos, com destaque para o apelo de percorrermos o caminho de Jesus, com ele e motivados por ele. Originalmente, essas reflexões apareceram em "'Meus inimigos estão no poder': uma leitura do Evangelho de Marcos a partir do conflito de Jesus com o centro", em *Estudos da Religião* 35, dez. 2008. Agora, elas nos são novamente apresentadas, revisadas e articuladas com as demais dimensões que este livro nos mostra, com o desejo de vislumbrar uma espiritualidade que "surge no caminho".

O terceiro encontro talvez seja aquele que não desejamos ter ou, pelo menos, que não temos sido incentivados a ter pelas experiências religiosas que se têm tornado majoritárias no meio cristão. É o encontro com as nossas próprias fragilidades e fraquezas. Aqui nos propomos a falar do ser humano, tal como compreendemos que ele seja. Desejamos indicar o caminho, libertador certamente, de olharmos para dentro de nós mesmos, de reconhecermos as situações-limite da vida humana e de buscar a salvação, mas sem esperar que ela possa vir por ações e méritos humanos. Esse encontro também brotou do "Círculo do Rio", a partir da obra *O humano integrado: abordagens de antropologia teológica*, organizada por A. G. Rubio (Petrópolis: Vozes, 2007). O que trago agora como reflexão é uma síntese do que apresentei anteriormente na referida obra com o título "O ser humano diante de suas situações-limite: uma reflexão teológica em Paul Tillich".

Outra pressuposição diz respeito à prática ecumênica. Esse é o quarto encontro: o das religiões, seguindo a lógica espiritual que a fé nos chama a aprendermos com o outro. Por várias vezes, em eventos e palestras, havíamos sinalizado que, em nossa previsão, nas próximas décadas haverá, nos diferentes seminários e faculdades de Teologia, uma assimilação da presença conjunta de estudantes e docentes procedentes de diferentes religiões. Registrei essa visão, com maiores detalhes, em *O sedutor futuro da teologia* (São Paulo: Fonte Editorial, 2012). Tal perspectiva, entre outros motivos, irá requerer o aprofundamento de uma teologia ecumênica das religiões. Isso não será feito sem tensões, mas constituirá um tema recorrente na educação teológica. Também as Igrejas e as pessoas que a elas pertencem serão cada vez mais desafiadas pelo pluralismo religioso que hoje marca a nossa sociedade. Isso já se dá fortemente nas famílias, espaços de trabalho, escolas e universidades, e na visibilidade que as mais diferentes expressões religiosas, cristãs e não cristãs, vêm adquirindo em vários setores da sociedade. O diálogo, não obstante as reações contrárias e mesmo violentas, será inevitável. E como perceberemos a graça de Deus nesse encontro de fés? Ou os que buscam a paz, o diálogo, o respeito mútuo e o serviço conjunto também serão condenados? Para refletir sobre o encontro das religiões como fonte de espiritualidade, recorreremos à contribuição de pessoas de destaque no meio teológico, a saber: Michael Amaladoss, Faustino Teixeira, José María Vigil, Maria Clara Bingemer e Marcelo Barros.

O quinto encontro é com a vida comunitária. Vivemos um tempo de maior individualismo, de insensibilidade humana, de consumismo desenfreado e de violência crescente. É claro que toda essa realidade está misturada com gestos e iniciativas de profundas e autênticas vivências comunitárias, solidárias e de comunhão interpessoal e serviço. No entanto, como podemos percebê-las mais nitidamente? Como poderemos discerni-las e abraçá-las? Para refletir sobre esses aspectos, destaco as seguintes dimensões: gratuidade (a comunidade como lugar de abertura, de fé e de pregação da liberdade), *koinonia* (a comunidade como lugar de comunhão, de diálogo e de autenticidade), utopia (a comunidade como espaço de expressão devocional e lúdica) e *diakonia* (a comunidade como canal de solidariedade, partilha e serviço). Tais aspectos são o reconhecimento de que a vida em comunidade, por ser fonte privilegiada de utopia, se torna elemento de combate às diferentes formas sectárias, violentas, individualistas ou idolátricas do agir humano e representa um caminho sobremodo elevado de vivência espiritual.

O último encontro é com a natureza e com a história. Uma pressuposição que tenho apresentado em outras oportunidades é o fato de o tema "ecologia" ser uma das prioridades nas próximas décadas no campo da reflexão teológica. No entanto, proponho uma perspectiva um pouco diferente de boa parte das interpretações teológicas e pastorais sobre a ecologia e, em certo sentido, contundente. Considero que a ecologia será [ou deverá ser] tratada não como "teologia social", como nos dias de hoje, mas como teologia escatológica, ao associar preocupação ecológica à questão da salvação. Em outros termos: se o ecossistema é destruído, somos [ou deveríamos nos sentir] menos salvos. Assim, indicamos a importância de uma percepção espiritual que dê relevo ao ecocuidado e que não relegue a planos secundários a ecologia, pois ela está associada à noção bíblica da salvação, fundamental para a nossa fé. Ao mesmo tempo, este "encontro" valoriza a história, suas contradições e projetos internos e, especialmente, os protagonistas de novos rumos, como as pessoas pobres, como a tradição bíblica realça.

Para se chegar a este encontro, dialogamos com três grandes linhas de reflexão e de espiritualidade. A primeira está ligada à minha própria tradição confessional, a metodista. Para isso, recorro à perspectiva da teologia de John Wesley, fundador do movimento metodista na Inglaterra no século XVIII, que cultivou e propôs uma espiritualidade integral, conectada com a natureza e com a história. Uma segunda abordagem é pneumatológica e está baseada na teologia da esperança do pensador evangélico alemão Jürgen Moltmann, que se destaca no cenário teológico com a sua doutrina ecológica da criação. A visão desse autor, como se sabe, acentua a íntima relação entre os projetos históricos e os horizontes de esperança, valoriza os processos políticos, as iniciativas de promoção da vida humana em sentido amplo e a preservação da integridade da criação. A teologia de Moltmann se caracteriza pelo acento trinitário que permite uma boa articulação dos elementos de caráter mais objetivos da fé e da reflexão teológica com aqueles mais subjetivos que geram formas de espiritualidade compromissadas com a realidade da vida e com os destinos do mundo. Até aqui retomei o que já havia indicado em "O encontro com a natureza e com a história: uma espiritualidade firmada no compromisso com a vida", artigo publicado na revista teológica *Caminhando* 17, 2º sem. 2012.

Uma terceira abordagem é feita a partir da reflexão teológica brasileira, que, no campo da espiritualidade, tem sido muito significativa. Ela está baseada na visão do teólogo católico Leonardo Boff, cujo pensamento é uma referência fundamental para se vislumbrar uma espiritualidade que seja valorizadora da vida, sensível ao cuidado com a natureza e com os pobres, aberta aos mistérios do universo e atenta aos principais desafios sociais e políticos que hoje se apresentam ao mundo.

Espero que o caminho que nos leva a esses seis encontros mostre-nos outros que sejam necessários e frutíferos para o cultivo de uma espiritualidade libertadora que, como solicitou Jesus, "não nos tire do mundo, mas nos livre do mal" e seja igualmente integradora de todos os processos que promovam a paz, a justiça e a integridade da criação.

# 1

# O encontro com a vida e com a Bíblia: uma espiritualidade que nasce e renasce da fé

> "Lâmpada para os meus pés é a tua palavra,
> e luz para os meus caminhos."
> (cf. Sl 119,105)

> "Por isso uma força me leva a cantar,
> por isso essa força estranha no ar,
> por isso é que eu canto, não posso parar,
> por isso essa voz tamanha."
> (Caetano Veloso, *Força estranha*)

O encontro com a vida e com a Bíblia marca o caminho espiritual de muitas pessoas no mundo cristão. Esperamos indicar, ainda que modestamente, um pequeno "mapa" desse caminho, já percorrido por tantas pessoas que deram testemunho belíssimo de doação de vida, de aventura espiritual e de busca de interação desses "dois livros": a vida e a Bíblia. Vamos olhar algumas questões relacionadas ao tema "Bíblia e espiritualidade", sempre tendo em mente os desafios pastorais no século XXI.

Em um primeiro momento, destacaremos a espiritualidade como dom de Deus, como "clima" que nos possibilita viver a vida, interpretando os seus desafios, dilemas e possibilidades. Ao procurar ajustar melhor o foco de nossa reflexão, indicaremos, na sequência, de forma panorâmica, aspectos históricos e metodológicos dos encontros e desencontros entre formas de espiritualidade, a Bíblia e a reflexão teológica. Em síntese, nós nos orientamos pela ideia de que a fé sem a vida é morta.

Um destaque será a norma bíblica que (re)orienta nossa reflexão teológica. Trata-se de valorizar a experiência do êxodo, marca fundamental da experiência latino-americana, que nos permite ver a "força histórica dos pobres", do salto qualitativo em direção à justiça e à paz, à boa e agradável vontade (Reino) de Deus no mundo, à "terra boa que mana leite e mel". Todavia, trata-se também de valorizar a Sabedoria, marca igualmente importante das teologias que olham a vida cotidiana, que se faz aprendiz, que olha para o outro em solidariedade, aprendizado mútuo e comunhão.

Por fim, como que arriscando um exercício, nos aventuramos a partilhar e a seguir o caminho trilhado pelo teólogo Gustavo Gutiérrez, que ousou "falar de Deus a partir do sofrimento do inocente", marca essencial da espiritualidade bíblica. Indicamos alguns aspectos práticos da vivência comunitária da fé que podem ser caminhos promissores de uma espiritualidade viva e autêntica. Isso se dá, especialmente, por uma atitude de abertura, de fé e de apreço à gratuidade.

## A espiritualidade humana é dom de Deus

Dentro de uma série de aspectos que marcam a vivência humana está a incessante busca de superação de limites, do ir além das contingências e das ambiguidades históricas, da procura por absolutos que possam redimensionar a relatividade e a precariedade da vida. As experiências religiosas, historicamente, pretenderam e pretendem possibilitar respostas para essa busca. Na diversidade de tais experiências confluem elementos os mais diversos, desde os preponderantemente numinosos, "santos", espontâneos e indicadores de uma transcendência, até aqueles marcadamente ideológicos, facilmente identificados com a reprodução de filosofias ou culturas e artificialmente criados.

O olhar crítico das teologias modernas e contemporâneas produziu uma saudável distinção entre e fé e religião. É fato que tal relação é complexa e possui numerosas implicações, mas, no que diz respeito à reflexão proposta, é preciso afirmar que a primeira, a fé, requer uma espiritualidade que, embora seja autenticamente humana, vem de uma realidade que transcende as engrenagens históricas. Ela é recebida, acolhida. A espiritualidade humana, irmã da fé, é dom de Deus.

Nas reflexões teológicas mais recentes, tem sido cada vez mais comum a indicação de que a fé é antropológica, como nos indicou o teólogo Juan Luiz Segundo, e que pode tornar-se religião. A experiência religiosa não é desvalorizada com a referida distinção da fé, ao contrário, a religião é um meio pelo qual a fé antropológica se efetua. Ela está ao lado de outras expressões humanas, todas ideológicas – no sentido positivo da palavra –, que podem contribuir muitíssimo no cumprimento da vontade de Deus para a vida humana e toda a criação, assim como podem, em certos casos, inibir a realização do amor de Deus na vida humana e no mundo.

Nesse sentido, o olhar teológico se detém nas realidades humanas e históricas, para discernir as formas religiosas e culturais e compreender o que elas mostram ou o que ocultam. Ao mesmo tempo, a teologia movimenta-se para o "alto" e para o "profundo" da vida para perceber o dom gratuito de Deus doador de sentido e de significado último para a humanidade e para o cosmo. O que desejamos é que a teologia não perca o seu caráter espiritual, mesmo que ande pelas mais áridas veredas da racionalidade científica.

## Viver é interpretar

Como não podemos nos abstrair da vida para fazer o julgamento que em geral desejamos fazer sobre ela – preciso, verdadeiro, calculado, irrefutável –, a espiritualidade, como clima da fé, ganha os contornos que, se estivermos atentos para perceber, constituem a própria natureza: o de aventura (*ad ventura*). A espiritualidade é uma forma de viver. É fato que ela possui fontes bem delimitadas, mas quais os relatos, os escritos, os dogmas, os testemunhos que não foram ou não são interpretados diversamente, por vezes até mesmo antagonicamente? Portanto, não basta dizer que a Bíblia ou determinada tradição é a fonte da espiritualidade. Deus fala ao ser humano "um pouquinho antes".

Defendemos que há um círculo hermenêutico, uma interpretação, que orienta a reflexão teológica e a vivência da fé, cujo ponto de impacto (para não dizer início, em respeito à noção de círculo) é o *sentir*. Não se trata de subjetivismo nem de arbitrariedade individualista. Trata-se do encontro do humano com a Presença Espiritual, na linguagem de Paul Tillich, que o mobiliza e o direciona para a realidade transcendente da vida, imperativo último para um processo efetivo de humanização, de realização da justiça e de manifestação do amor. Tal abertura existencial condiciona as compreensões da vida, da Bíblia, da tradição e do agir humano.

Nesse sentido, podemos falar que viver é interpretar e que as hermenêuticas podem ser direcionadas para práticas libertadoras ou para as que geram formas autoritárias, repressivas, alienantes, preconceituosas ou violentas. Uma religiosidade, mesmo com referência à Bíblia ou a uma doutrina específica, pode ter, por exemplo, contato com pessoas e famílias pobres e não perceber nelas os anunciadores privilegiados do Evangelho. Da mesma forma, pode olhar uma pessoa desprovida das condições básicas da vida, como o trabalho, e ver nisso um fruto da falta de fé da própria pessoa. Ou ver o sistema capitalista e admirá-lo, pois ele pode dar condições de prosperidade para as pessoas que nele se adéquam devidamente.

Por outro lado, uma espiritualidade baseada na Bíblia, uma vez recebida sob os influxos divinos de uma decisão existencial que valoriza o amor, a justiça e a alteridade, em geral produz diferentes frutos. Compreendemos que, pela graça de Deus, "uma força estranha no ar" move e remove percepções a ponto de vermos o que não está mostrado: que "um outro mundo é possível", como nos indicaram os Fóruns Sociais Mundiais, que as pessoas têm valor independentemente de suas condições sociais e econômicas, que o amor de Deus é preferencialmente direcionado aos mais pobres, que a paz e a justiça andam juntas, que o amor e o respeito devem prevalecer nas relações humanas, que a salvação vem de Deus e é universal, não se limitando a uma Igreja ou religião específica, que Deus é maior do que todas as coisas. Esse tipo de espiritualidade não se aprende em livros ou conceitos teológicos, filosóficos ou políticos. Ele vem com a fé.

## A Bíblia: fonte básica da espiritualidade cristã

Portanto, as formas de espiritualidade que valorizam e preservam a vida e os valores fundamentais da fé cristã, como a justiça e a paz, a alteridade e a importância do ser humano e a integridade da criação, não decorrem mecanicamente da leitura da Bíblia – pois esta pode ser feita a partir de ideologias, sem conexão profunda com o espírito divino –, mas encontram na Bíblia a fonte básica para o estabelecimento de suas bases essenciais. Daí podermos nos referir como espiritualidade bíblica ao conjunto de experiências, explicitamente religiosas ou não, pessoais ou coletivas, que expressam o núcleo central da fé, marcado especialmente pelo despojamento abraâmico, pela solidariedade profética e pelo senso de doação radical visto em Jesus e em seus seguidores.

Ter a Bíblia como fonte básica da reflexão teológica é um pressuposto metodológico de importância singular na teologia moderna. Somam-se a ela a história da Igreja e a história da cultura e das ciências, incluindo aí a diversidade das experiências humanas nos diferentes aspectos socioculturais, científicos e religiosos. Se todas essas dimensões oferecerem "alimento" para as experiências de espiritualidade, um quadro cada vez mais humanizador será vislumbrado no campo religioso e humano em geral.

A Bíblia, quando lida como "espelho" da fé – e não como manual dogmático –, interpela fundamentalmente a vida humana. Se ela é vista como elemento simbólico profundamente arraigado na experiência humana, e não como manual histórico de mero conhecimento, cada pessoa e cada grupo, ao adentrarem em sua leitura (ou escuta), se colocam também lá dentro. Com isso nos fazemos novos Adão e Eva, novos Moisés, ainda que sem a mesma pujança de Jesus, mas com as condições mínimas e não isentas de contradições, para rever a vida, modificar rumos, perdoar e ser misericordiosos.

Observem que esse é um caminho, um método – simples, embora profundamente desafiador – de leitura bíblica que ajuda na revitalização da experiência cristã, tanto pessoal como coletiva. Sentir a presença viva de Deus na face do próximo e de toda a criação, ver a realidade ao nosso redor, com todos os meios racionais e científicos de que dispomos, interpretar tudo isso procurando discernir bíblica e teologicamente a vontade de Deus para o mundo e agir favoravelmente em prol de "novo céu e nova terra", ao semear no mundo os frutos de amor, de justiça e de paz. Por que não podemos seguir esse caminho?

## A difícil relação entre espiritualidade e teologia

O casamento entre a espiritualidade bíblica e a teologia foi historicamente marcado mais por dissabores e conflitos do que por uma aproximação harmoniosa. A primeira – a espiritualidade –, sempre mais livre e espontânea, tendo a defesa da vida como preocupação última, desinteressada e doadora de sentido à fé, nem sempre tem sido como a segunda – a teologia –, repleta de critérios racionais, por vezes orientada mais pelos interesses institucionais do que pela manifestação viva do amor e da vontade de Deus, profissional, nem sempre articulada com os desafios que a vida traz. E lá se foram por água abaixo intuições belíssimas de fé entre montanistas, anabatistas, pentecostais, por vezes tachadas de heréticas, outras vezes desqualificadas por seus subjetivismos e radicalismos.

Mas não foram poucos os grupos que, também ao longo da história, estiveram preocupados com esse distanciamento e tensão. A centralidade da Bíblia na reflexão teológica é, por exemplo, devedora de Martinho Lutero, que no século XVI, em uma conjunção de esforços e de desenvolvimento cultural próprios do início da Era Moderna, possibilitou maior acesso de pessoas à Bíblia. A confluência de vários elementos do itinerário espiritual de Lutero e de grupos reformadores da época – como a ânsia por liberdade, a busca de uma expressão de fé espontânea, o desejo de poder obter a salvação gratuitamente – retomou princípios bíblicos fundamentais, em especial o dom gratuito de Deus, revelado em graça e em amor, tais como os escritos paulinos no Novo Testamento anunciam.

Passam-se os séculos, numerosas experiências de cultivo espiritual da vida e da fé são vivenciadas e permanecem as tensões entre as formas mais vivas de espiritualidade e a racionalidade teológica secular moderna. Os séculos XIX e XX levam ao auge tais tensões e abrem um horizonte significativo de melhor compreensão racional e exegética da Bíblia, livrando-a das prisões do universo medieval fantasioso. Vários teólogos dessa época deram passos largos na valorização do estudo crítico da Bíblia, mas precisaram que outros, como Karl Barth, voltassem aos princípios da Reforma ao destacar, por exemplo, a centralidade da Bíblia na vida da Igreja e na vivência da fé.

Mesmo com todo o relevo concedido à Bíblia, a racionalidade e o formalismo tão presentes nas teologias e experiências eclesiais do início do século

XX, tanto no campo católico-romano como no protestante, não impediram que reações fortíssimas surgissem apresentadas como defesa da fé e da espiritualidade. Os fundamentalismos do final do século XIX no Catolicismo e os do início do século XX no Protestantismo até que falaram com ênfase sobre a Bíblia, mas não parecem ter favorecido a manifestação da espiritualidade bíblica, tal como temos nos referido desde o princípio. Tais rios de espiritualidades mais fechadas e pouco dialógicas desembocaram com ondas parecidas com as do mar no quadro religioso brasileiro e mundial na virada para o século XXI, e hoje temos de navegar sobre elas.

Mística é a palavra cada vez mais recorrente na sociedade brasileira. Nesse mesmo quadro temos as Igrejas cristãs tradicionais perplexas sem saber o que fazer diante da sede do povo pelo inexplicável, grupos de cristãos politizados igualmente perdidos, sem referenciais claros para uma ação pastoral efetiva na sociedade e ávidos por descobrirem por que as Igrejas pentecostais e os movimentos de renovação religiosa mobilizam enormemente os diferentes setores sociais e proporções consideráveis da população.

De fato, a vivência religiosa no Brasil sofreu, nas últimas décadas, fortes mudanças. Alguns aspectos desse novo perfil devem-se à multiplicação dos grupos orientais, à afirmação religiosa afro-brasileira, ao fortalecimento institucional dos movimentos católicos de renovação carismática, às expressões espiritualistas e mágicas que se configuram em torno da chamada Nova Era, à mística literária de autores como Paulo Coelho e ao crescimento evangélico, em especial o das Igrejas e movimentos pentecostais. E, confessemos, são estes últimos os que mais habitam nossos sonhos e pesadelos.

Espera-se que a reflexão teológica e os esforços pastorais contribuam decisivamente para que a espiritualidade bíblica possa ser difundida e vivenciada em todas as comunidades, grupos, projetos e instituições no transcorrer deste novo século.

## A relação entre a fé e a vida

Como sabemos, o século XX foi de muitas mudanças e movimentações sociais, políticas, culturais e religiosas. Os grupos e os movimentos bíblicos, ainda na primeira metade do século, trouxeram vitalidade eclesial e novas formas de espiritualidade. Os grupos bíblicos católico-romanos desembocaram com vigor nas preparações do Concílio Vaticano II (1962–1965) e se constituíram interpelação legítima para que uma nova compreensão eclesiológica florescesse. Os grupos protestantes ofereceram inspiração de fé para diversos empreendimentos missionários, para a cooperação ecumênica e tantas formas de "Evangelho Social", espalhadas no mundo inteiro.

Em terras brasileiras e em outros cantos latino-americanos, multiplicam-se, desde a primeira metade do século XX, as iniciativas de renovação bíblica. Nos momentos de perplexidade e de busca de novos referenciais, coube ao exercício teológico ouvir as perguntas da fé e procurar explicitar o conteúdo dela, vivenciada por milhões de pobres e marginalizados – conforme é a vocação da teologia. Surgem, então, ainda na década de 1950, os questionamentos do teólogo protestante Richard Shaull, um dos precursores da Teologia da Libertação: "Onde Deus está agindo, hoje?". Surgem também os círculos bíblicos, no contexto da pastoral popular católica. E com a mesma pergunta ("Deus, onde estás?"), Carlos Mesters, teólogo católico, apresenta em um significativo livro com esse título os conteúdos da Bíblia, fonte de uma nova espiritualidade. Tal obra, de 1971, é demonstrativa de uma nova forma de compreender a fé. Trata-se de uma espiritualidade vivida na aproximação entre a vida e a Bíblia.

O próprio Mesters ajudou a popularizar a noção de que Deus escreveu dois livros. O primeiro, a vida, com todas as inquietudes, limites, possibilidades e realizações que ela possui. Nela, Deus manifestou a sua graça e amor, manteve relacionamentos e revelou sonhos e desejos. Depois escreveu a Bíblia, com a mesma riqueza e diversidade, com o mesmo pulsar da fé e da esperança. A intuição dessa perspectiva teológica é que as pessoas pobres, dada a vulnerabilidade da vida, estão mais abertas à fé, vivem o despojamento e a solidariedade devido às contingências humanas. Aprendem, assim, o Evangelho e passam a ser portadores privilegiados da mensagem de salvação. Isso está "Por trás das Palavras" (nome do memorável livro de Mesters de 1974) e é "uma explicação da Bíblia a partir do povo", subtítulo igualmente sugestivo da obra *Flor sem defesa* (1983), no auge da organização dos grupos populares de releitura bíblica no Brasil.

Os círculos bíblicos e a vivência das Comunidades Eclesiais de Base e de grupos evangélicos ecumênicos construíram uma história e desenvolveram uma espiritualidade própria. Na situação eclesial de hoje, eles estão vivos, ora com expressão social e eclesiástica mais nítida, ora "escondidos em três medidas de farinha", como está expresso no Evangelho. Há muitas limitações e simplificações pastorais, mas há também uma riqueza espiritual profunda que perpassa as décadas e alimenta práticas sociais consistentes, como a dos trabalhadores rurais sem terra, por exemplo, ou novas formas de cultivar a espiritualidade bíblica de grupos, por vezes em dispersão e diáspora na gigantesca e assustadora realidade urbana.

## A norma teológica: o Êxodo e a Sabedoria

Diante das reflexões feitas até agora e diante do quadro sociocultural que as fundamenta, novos referenciais teológicos precisam ser buscados, pois os modelos atuais, como já referido, sofreram reducionismos e simplificações demasiadas e parecem não mais atender adequadamente aos novos desafios pastorais. Dessa forma, a produção teológica latino-americana pode ser aprofundada e adquirir novos estágios cada vez mais relevantes.

A experiência da pessoa ou grupo que se dedica à teologia constitui o meio da reflexão teológica. Ela não pode ser confundida com a fonte, pois assim deslocaria a centralidade da Palavra de Deus nas respostas teológicas necessárias para a vida humana. Há dois extremos desse procedimento. O primeiro, quando a experiência religiosa ou cultural torna-se tão restrita a ponto de o resultado da reflexão teológica se constituir um fundamentalismo com mera repetição de conteúdos em vez de ser uma transformação e atualização da mensagem bíblica (o querigma). O segundo é que tal experiência não pode ser tão ampla a ponto de o resultado teológico ser um tipo de "nova revelação". Tal dilema é por demais complexo, uma vez que no campo da experiência reside o espírito humano, e a identificação deste com o Espírito divino como se fosse uma só realidade possibilita a idolatria, o que contraria os princípios bíblicos. Por isso, precisamos andar em uma corda bamba, que ao mesmo tempo valoriza a experiência humana (religiosa ou geral), mas não a coloca como ponto central de tudo, mas sempre como um meio provisório para se achegar a Deus.

Ao seguir tais indicações, torna-se urgente e premente para a teologia latino-americana, uma vez mais, o exercício permanente de retomada do círculo teológico que faz surgir uma nova visão do mundo e da fé, que compreende a realidade da vida a partir de uma análise racional e científica e possui na reflexão bíblica uma especificidade teológica fundamental geradora de uma prática social e eclesial libertadora.

Para tanto, a leitura e a interpretação da Bíblia, como marcas constitutivas da produção teológica latino-americana, necessitam, cada vez mais, ser aprofundadas, evitando simplificações e repetições mecânicas. Além disso, como já referido, a norma bíblica não pode ser substituída pela experiência (seja de teólogos[as] ou de grupos eclesiais), mesmo que esta possua a densidade evangélica de ser vivida a partir de uma autêntica e expressiva opção preferencial pelas pessoas pobres. A centralidade da Palavra de Deus, que caracteriza o método teológico latino-americano, requer, em função de sua articulação com as questões advindas da realidade social, a formulação de uma norma bíblica que reoriente a produção teológica. Será possível criarmos uma teologia mais espiritual e uma espiritualidade mais teológica? Ou estamos destinados a separar sempre essas duas dimensões tão importantes para a fé?

A perspectiva de espiritualidade que defendemos aqui está em sintonia com as questões sobre o método teológico que consiste na procura de respostas às indagações prementes da situação vivida pela humanidade. Para isso, como vimos, a teologia recorre à Bíblia, como fonte básica para a reflexão, assim como ao quadro histórico da Igreja, da religião e da cultura. Os conteúdos provenientes dessas fontes são existencialmente recebidos por intermédio da experiência de cada pessoa ou grupo. A partir desse encontro entre a Igreja e a mensagem bíblica são constituídas normas teológicas, as quais não se confundem com a Bíblia, mas são derivadas dela na medida em que a Igreja necessita decidir, consciente ou inconscientemente, ante as demandas surgidas pelo encontro com a mensagem cristã.

No caso latino-americano, a referência bíblica do êxodo (em profunda sintonia com os movimentos de libertação social e política, próprios das décadas de 1960 a 1980) deve estar ao lado, em sentido de alargamento hermenêutico, das referências bíblicas em torno dos escritos sapienciais

(Sabedoria). Isso é necessário devido a uma busca de maior sintonia com as questões suscitadas pela situação de degradação humana vivida em meio aos processos socioeconômicos do contexto de exclusão social próprio do neoliberalismo econômico.

A temática da sabedoria redimensiona aspectos que a dimensão da responsabilidade social e política da fé cristã poderia, em tese, tornar alvo de pragmatismos e de instrumentalizações sociopolíticas indevidas. Política e poder são aspectos muito positivos para a fé, mas às vezes nos corrompem. Aí é preciso: sabedoria. Além disso, o caráter bíblico-teológico sapiencial realça as dimensões profundas da existência humana, tal como se encontra ressaltado em várias visões teológicas de forte cunho existencial em diferentes épocas.

A articulação das dimensões sociopolítica e existencial no exercício da fé cristã constitui, portanto, um imperativo. Não se trata de colocar uma ao lado da outra, mas de articulá-las, integrá-las, torná-las irmãs. Trata-se de um serviço que a teologia precisa prestar à experiência cristã no sentido de contribuir para que a vivência da fé seja, ao mesmo tempo, consistente (ou seja, fiel à realidade do Evangelho) e envolvente (assimilada por parcelas significativas da população). Essa dupla tarefa de crítica e anúncio, que historicamente deu sinais de cansaço e esvaziamento, especialmente pelos encontros e conflitos da fé cristã com as diferentes formas do pensamento humano, reafirma-se como tarefa teológica de fundamental importância, considerados os aspectos da realidade social e religiosa atual. Mais uma vez, novos e diferentes desafios são apresentados à reflexão teológica cristã.

## "Falar de Deus em meio à pobreza e ao sofrimento"

Falar em sabedoria nos faz lembrar muitas pessoas e grupos. Na Bíblia, por exemplo, temos Jó. "Como sou diferente de Jó!" Mas, ao mesmo tempo, "como gostaria de ser igual a ele!". Tal perspectiva representa uma fonte singular de espiritualidade para os dias de hoje. Para seguir esses trilhos, tomemos emprestadas algumas ideias de Gustavo Gutiérrez. Ele ofereceu, nas décadas de 1980-1990, com uma belíssima trilogia – *Beber no próprio poço: itinerário espiritual de um povo* (Petrópolis: Vozes, 1984); *Falar de Deus a partir do sofrimento do inocente: uma reflexão sobre o livro de Jó* (Petrópolis: Vozes, 1987); *e O Deus da vida* (São Paulo: Loyola, 1990) –, indicações substanciais da amplitude de sua produção teológica. Isso se revelava especialmente na fidelidade metodológica ao enfoque da libertação, vivenciada, no entanto, em uma perspectiva de forte cunho bíblico e existencial. Voltemos a nossa atenção para a obra *Falar de Deus a partir do sofrimento do inocente: uma reflexão sobre o Livro de Jó*.

Ao "falar de Deus a partir de uma situação-limite: o sofrimento do inocente", o autor retoma os referenciais de filosofias e teologias da existência (como Kierkegaard, Heidegger e Tillich). A norma teológica utilizada é de amplitude considerável. Sem abandonar a perspectiva do êxodo como eixo bíblico-teológico da libertação, Gutiérrez insere-se na perspectiva da sabedoria e da sapiência. Com isso, preconiza reflexões que somente na década de 1990 tomariam forma em outros setores teológicos e, mesmo assim, embrionariamente.

Ao analisar o Livro de Jó, ele destaca do texto as dimensões de universalismo, de gratuidade e de reivindicação da justiça. A partir dessas e de outras características, constrói uma teologia bíblica cujo tema central é a fé gratuita e desinteressada em Deus. O sofrimento do inocente torna-se uma referência central para testemunhar tal atitude de crer em Deus gratuitamente. Nas palavras de Gutiérrez:

> Como falar de Deus da condição de pobreza e sofrimento? Eis a questão proposta no Livro de Jó. Um homem justo que vivia na abundância e na felicidade é reduzido à miséria e à enfermidade. A pergunta-chave é, então, a seguinte: Como falará Jó, dessa situação, de Deus? Recusá-lo-á? Sua justiça e piedade estavam condicionadas a seu bem-estar material? Amaldiçoará a Deus ao perder tudo?
>
> Não há circunstância humana que nos coloque mais distantes da aceitação do amor gratuito de Deus que nossa própria experiência do sofrimento, em particular se for injusto. Por isso – sugere o autor do Livro de Jó – se, dessa situação-limite, um crente for capaz de viver sua fé com desinteresse e encontrar a linguagem adequada para falar de Deus,

então o Deus da Bíblia pode ser reconhecido autenticamente pelo ser humano. Essa é a aposta que serve de base ao Livro de Jó.

O Livro de Jó revela duas linguagens sobre Deus: a profética e a contemplativa. Gutiérrez está consciente de que não se pode "racionalizar" indevidamente uma obra poética. No entanto, na análise do teólogo está identificado que "o poeta busca, assim, encontrar uma resposta às perguntas sobre a fé e a existência humana" (GUTIÉRREZ, 1987, p. 41, 44 e 48).

Ao comparar a teologia presente no Livro de Jó com alguns dos dilemas do racionalismo filosófico, em especial o de Pascal sobre a existência ou a inexistência de Deus, Gutiérrez delimita algumas das necessidades teológico-pastorais do contexto latino-americano. Certamente não se trata do "ser ou não ser" próprio do contexto filosófico e teológico que o pensamento moderno moldou especialmente na Europa. O contexto de sofrimento e ao mesmo tempo de intensa religiosidade e fé que demarca a vida humana na América Latina traz, em vez da questão do "não ser", a pergunta pela "não pessoa". A religião vai precisar responder a um contexto marcado por profunda dor e sofrimento, para os quais o ser humano nem sempre encontrará muitas explicações racionais devido à sua fragilidade como pessoa humana.

A contribuição de Jó se destaca, portanto, na medida em que nesse livro

o assunto gira ao redor da oposição entre uma religião que se fundamenta em direitos e deveres do ser humano a partir de seu comportamento moral, ou uma crença desinteressada que se baseia unicamente na gratuidade do amor de Deus. [...] Em Jó a decisão está entre uma religião que condiciona e calcula a ação de Deus, e uma fé que reconhece a livre iniciativa do amor de Deus. [...] Em Jó, ter fé supõe comungar com os sofrimentos humanos, em especial dos mais desvalidos, passar por um combate espiritual e aceitar finalmente que não se pode enclausurar Deus dentro das categorias humanas (GUTIÉRREZ, 1987, p. 46).

Em Jó trata-se de dizer ao inocente, transido pela dor injusta, que Deus o ama e que seu legítimo reclamo de justiça, para ele e para outros, alcança sua plenitude e urgência no universo da gratuidade.

Falar de Deus em meio à pobreza e ao sofrimento, para além de uma experiência de fé, representa um caminho teológico distinto. Ou seja, a teologia que perpassa a vivência de Jó é uma "recusa a uma maneira de fazer teologia que não leva em conta as situações concretas, o sofrimento e as esperanças dos seres humanos" (GUTIÉRREZ, 1987, p. 61). Trata-se de romper com as visões teológicas idealistas, autossuficientes e firmadas em jargões, presentes nas diferentes tendências doutrinárias das Igrejas, seja o tradicionalismo, o carismatismo ou o progressismo pastoral. Ao que "soa oco" para Jó, ele diz (cf. Jó 16,2-6):

> Já ouvi mil discursos semelhantes,
> sois todos consoladores inoportunos.
> "Não há um limite para discursos vazios?
> Que há que te incitas a contestar?"
> Também eu poderia falar como vós,
> se estivésseis em meu lugar;
> poderia acabrunhar-vos com discursos
> levantando sobre vós a cabeça,
> vos reconfortar com palavras,
> e depois deixar de agitar os lábios.
> Se falo, não cessa minha dor;
> se me calo, como ela me desaparecerá?

Ao contrário da lógica do gratuito estão, por exemplo, os amigos de Jó – Elifaz, Baldad e Sofar. O contexto doutrinal deles é o da retribuição temporal: "[...] o malvado é castigado e o justo é recompensado por Deus. A relação causa-efeito rege estritamente no universo da moralidade" (GUTIÉRREZ, 1987, p. 52). Exemplar dessa concepção ético-religiosa simplista e fortemente individualista é a palavra de Elifaz (cf. Jó 4,7-8):

> Recordas-te de um inocente que tenhas perecido?
> Onde já se viu que justos fossem exterminados?
> Eis minha experiência: Aqueles que cultivam a iniquidade
> e semeiam a miséria são também os que as colhem.

A espiritualidade presente no Livro de Jó questiona duramente a doutrina tradicional da retribuição temporal. Daí a relevância para a atualidade da mensagem de Jó, em particular, e da vivência da gratuidade, em geral.

A centralidade da Palavra na vida das Igrejas justifica-se, em parte, pela base profética de suas mensagens. O que a experiência de Jó irá relativizar é a instrumentalização da palavra, o "dizer para não escutar", a mensagem verticalista que oferece respostas sem ouvir as perguntas. No contexto latino-americano, são muitos os grupos que falam para conscientizar, converter ou convencer o povo pobre e sofrido. Raros, no entanto, são aqueles que ouvem as vozes que emergem do cotidiano das pessoas e famílias marginalizadas social e economicamente e que vivem injustamente no sofrimento. Tal atitude era, exatamente, o que Jó desejava: ser ouvido.

> Escutai atentamente minhas palavras,
> seja este o consolo que me dais.
> Permiti que eu fale,
> e, quando tiver terminado, zombai à vontade (cf. Jó 21,2-3).

A racionalidade, tendo em vista um projeto de libertação, não pode ser jamais desprezada. No entanto, os equívocos a serem evitados são a fixação idolátrica da "reta doutrina", o dogmatismo, o racionalismo pragmático da política e/ou da pastoral. Como avaliou o autor:

> Jó não vê claro, mas tem a honestidade e a coragem de buscar. Seus amigos preferem repetir os conceitos que aprenderam num determinado momento, em vez de aproximar-se da vida concreta das pessoas, propor-se perguntas e abrir-se, assim, a uma melhor compreensão de Deus e de sua palavra (GUTIÉRREZ, 1987, p. 59).

Portanto, a partir da obra *Falar de Deus a partir do sofrimento do inocente: uma reflexão sobre o Livro de Jó* é possível indicar, entre tantos outros aspectos, alguns pontos pastorais norteadores de uma renovada prática. A vivência eclesial, por exemplo, necessita superar constantemente o predomínio da razão organizativa em relação à dimensão especificamente religiosa. A pregação evangélica deve suscitar os potenciais de bondade, amor e justiça de cada pessoa, além de observar as dimensões de informalidade, fervor religioso e afetivo presentes na matriz cultural brasileira. Quando a espiritualidade transforma-se em racionalidade pastoral, as pessoas não encontram correspondência em sua expectativa de vivência da fé. Por outro lado, se a espiritualidade é o canal de "troca" com Deus, de autossalvação do ser humano, ainda que responda à expectativa de multidões, deve ser questionada.

No caso da experiência das Igrejas, historicamente, as expressões de gratuidade, próprias da espiritualidade bíblica, não foram favorecidas. As Igrejas possuíram – e em sua maioria ainda possuem – uma vivência religiosa marcada por artificialismos e exclusivismos. Essas marcas não favorecem uma prática libertadora (nos moldes dos desafios apresentados pela teologia latino-americana) nem a dimensão da gratuidade (fundamental nas raízes bíblico-teológicas). A espiritualidade "de resultados", própria do moralismo pietista e de uma ética restritiva (teologia da retribuição), mistura-se agora a outra também de "resultados", como gravar discos, fazer shows, ascender socialmente (teologia da prosperidade). Essa realidade tão fortemente presente nas Igrejas evangélicas e católica necessita ser objeto de atenção e de reflexão teológica e pastoral.

## Últimas considerações

As reflexões feitas até agora podem nos ajudar em diversos aspectos práticos da vida humana em geral e da vida eclesial em particular. O que dizer dos ideais marcados pelo despojamento, como indicado no início do texto? A espiritualidade bíblica, mesmo vivida de diferentes formas e expressões, converge para esse ideal. Ela requer formas pessoais e coletivas que nos levam a aprender com as pessoas pobres o significado mais profundo da entrega, da disposição em partilhar, da solidariedade e do amor sem limites, mesmo que vivam tais dimensões da fé com intensas contradições.

Assim, diversas motivações e atitudes brotam da leitura da Bíblia e emergem em uma nova espiritualidade. É difícil enumerá-las! Mas ao reler as páginas deste texto é possível intuir que a espiritualidade bíblica hoje deve, pelo menos, forjar uma prática de discipulado, de seguimento de Jesus, de missionariedade e de valorização da vida, em todos os seus aspectos.

Tais dimensões – ao lado de outros relevantes aspectos – estão presentes em diversos grupos e círculos bíblicos espalhados pelo Brasil afora, católicos, evangélicos e ecumênicos. Neles, a Bíblia não é idolatrada nem meramente contemplada, mas lida de forma integrada, quando a dimensão mística da fé é articulada com a visão profética. Ao mesmo tempo, a centralidade da Palavra na reflexão sobre a fé requer uma visão global da Bíblia e não fragmentada em pedaços que são justificados ideologicamente por "nossa imagem e semelhança". Não se trata de uma "receita", mas tal vivência é um indicativo de fugirmos da leitura fundamentalista, autoritária, ao "pé da letra", sem conexão com a realidade da vida.

As reflexões feitas deveriam responder à pergunta inicialmente proposta: é possível vivermos uma espiritualidade bíblica nos dias de hoje? Mas como realizar tal coisa em meio a tantas tentações? A cultura firmada no lucro a qualquer preço, na exploração e na coisificação do ser humano, no individualismo e na indiferença, como se sabe, é oposta à fé cristã. Não há como esconder isso. Por outro lado, a fé é fruto do amor. Ela é expressão da graça de Deus. E em nossa cultura – capitalista, no caso – não há nada "de graça"...

A gratuidade é uma grandeza autônoma, importante em si, que dispensa instrumentalizações, sejam religiosas, sejam políticas. Nas palavras paulinas: "Já não sou mais eu que vivo, pois é Cristo que vive em mim" (cf. Gl 2,20). Assim, é possível, acima de tudo, viver a gratuidade gratuitamente, como um "clima" que envolve toda a vivência humana.

Também no Novo Testamento, o Sermão da Montanha indica nas bem-aventuranças (Mt 5,1-12) que a pureza de coração é, especialmente, esvaziamento dos dogmatismos e imposições. A humildade, como expressão da espiritualidade bíblica, é estar radicalmente envolvido nos processos políticos libertadores, todavia, com um sentimento de "servo inútil" e pecador. Trabalhar pela paz, por exemplo, é não fazer da luta o fim último, compreendendo-a apenas como meio provisório sem construir uma mística da luta e sim da justiça da paz e da reconciliação. Como desejo essa espiritualidade! Mas reconheço estar por demais distante dela...

## Referências bibliográficas

GUTIÉRREZ, Gustavo. *Falar de Deus a partir do sofrimento do inocente;* uma reflexão sobre o Livro de Jó. Petrópolis: Vozes, 1987.

MESTERS, Carlos. *Deus, onde estás?* Belo Horizonte: Veda, 1971.

_____. *Flor sem defesa;* uma explicação da Bíblia a partir do povo. Petrópolis: Vozes, 1983.

_____. *Por trás das Palavras;* um estudo sobre a porta de entrada no mundo da Bíblia. Petrópolis: Vozes, 1974.

# 2

# O encontro com o Evangelho: uma espiritualidade que surge no caminho

"Como está escrito nos profetas:
'Eis que eu envio o meu anjo ante a tua face,
o qual preparará o teu caminho diante de ti.
Voz do que clama no deserto:
Preparai o caminho do Senhor,
endireitai as suas veredas'."
(cf. Mc 1,2-3)

"Os amores na mente, as flores no chão,
a certeza na frente, a história na mão.
Caminhando e cantando e seguindo a canção,
aprendendo e ensinando uma nova lição."
(Geraldo Vandré, *Pra não dizer que não falei das flores* ou *Caminhando e cantando*)

Por diferentes razões, o Evangelho de Marcos tem sido valorizado nos estudos acadêmicos e pastorais da atualidade. São muitas também as formas de abordagem, mas todas confluem para a dinamicidade do Evangelho onde Jesus e os discípulos, sempre "a caminho", encontram e reencontram suas metas e suas perspectivas fundamentais de fé. Trata-se de uma fonte privilegiada de espiritualidade.

Para Jesus, em especial, e para a comunidade que motiva a redação do Evangelho, em particular, está o confronto com o Centro de poder político e religioso da época. Trata-se de uma inevitável contraposição com aqueles que, contrários à proposta do Reino anunciada por Jesus, ocupam os postos de poder. Como se deram e quais são as implicações desse conflito? Como eles interpelam a fé cristã? Compreender melhor tais questões é o objetivo desta reflexão.

O Evangelho de Marcos revela-se de profunda riqueza teológica, a qual deveria ser explicitada para melhor compreensão do tema proposto para nossas reflexões. No entanto, em função dos limites, os pontos considerados básicos para o conjunto do Evangelho e para a temática escolhida estão pressupostos e somente indicados no primeiro item.

Na sequência, propositadamente, está o caminho: a experiência na Galileia, onde a teologia oficial está posta em questão; a ida para Jerusalém, como tempo de crise e de opções radicais; e o ministério de Jesus nessa cidade, onde se travou o conflito decisivo para a Paixão. Trata-se de modesta, mas empolgante, viagem (teológica) pelos caminhos estreitos e tortuosos de Cristo e de cristãos, em suas primeiras viagens espirituais.

## Para entender o Evangelho de Marcos

Algumas ideias centrais estão permeando nossas reflexões. A base para esses pressupostos foi encontrada em dois significativos livros de Carlos Bravo Gallardo – *Jesus, homem em conflito: o relato de Marcos na América Latina* (1999) e *Galileia ano 30: para ler o Evangelho de Marcos* (1996) –, entre outros autores. Trata-se ora de perspectivas hermenêuticas básicas e consensuais, ora de linhas de pensamento que elucidem melhor a tensão entre Jesus e os grupos e práticas em questão. Tais pressuposições podem ser identificadas assim:

- A chave de leitura do Evangelho de Marcos é a perspectiva do *conflito*, tanto na vida de Jesus como na vida da comunidade marcana. No processo de superação desse conflito irrompe o discipulado, o seguimento e a práxis cristã, as quais possuem a prática de Jesus como critério.

- Há uma pergunta central – base de discernimento para a comunidade protagonista do Evangelho – que orientou a redação e é referência básica de interpretação: *quem é Jesus*? A resposta a essa indagação é encontrada no discipulado e no seguimento a Jesus, caminho que remete, também os seguidores, à experiência da cruz.

- O Evangelho de Marcos, tanto pelo gênero literário como pela estrutura de redação, representa uma correção da mentalidade apocalíptica triunfalista reinante dentro dos movimentos judeus do primeiro século. Jesus de Nazaré, verdadeiramente, é o Filho de Deus (Mc 1,1), que se distancia do Messias triunfante esperado por muitos, até mesmo na comunidade, mas revela-se como o Servo que assume o caminho que leva à cruz. A prioridade para o relato das práticas ("ortopraxia") em detrimento da confissão ("ortodoxia") torna-se elemento da identidade cristã.

- A expectativa (e a ordem) de Jesus de que a sua messianidade não fosse revelada representa uma das formas de conter a visão triunfalista surgida em torno dele. O "segredo messiânico" é revelado gradualmente, sempre em conexão com a perspectiva da Paixão, e mantém-se até mesmo após a ressurreição (Mc 16,8). Trata-se também de referência teológica questionadora da autossuficiência excessiva da comunidade marcana.

- Os relatos do Evangelho de Marcos priorizam a *ação* de Jesus, estando os *ensinamentos* em segundo plano. A dinamicidade do Evangelho caracteriza-se pelo apelo ao seguimento como motivação teológica, pela periferia (Galileia) como lugar social privilegiado, pela relação com os empobrecidos e oprimidos como sujeitos sociais e por possuir o cotidiano como o tempo e o espaço (do Reino).

- A prática de Jesus é *processual* (histórica e desenvolvida a partir de ações e de reações concretas), *situada* (encarnada na realidade econômica, política e religiosa) e *conflitiva* (não desejada, mas inevitável, em função da contradição entre o Reino de Deus e a realidade social da época).

- Há uma constante tensão no Evangelho entre os códigos da *Aliança* e da *Pureza*. O primeiro retoma o êxodo, a experiência do deserto e a corrente profética; o segundo refere-se ao templo, à perspectiva do sacerdócio real e à oposição à reforma deuteronômica. A prática jesuânica é a personificação do código da Aliança. O conhecimento e a sabedoria de Jesus vêm do deserto e não da sinagoga.

- Há, em todo o Evangelho, uma preocupação com o seguimento de Jesus: possibilidades, critérios, consequências. As referências do verdadeiro discipulado são as que estão mais longe do poder religioso e político.

- O Evangelho de Marcos, em sua apresentação didático-teológica, indica um momento de crise, de consequentes rupturas e continuidades com a proposta evangélica (= *kairós*) apresentada inicialmente. Para Jesus, tal crise revelou-se existencialmente em face das incompreensões ("cegueiras") sobre a sua messianidade por parte da maioria, até mesmo dos discípulos (cf. Mc 8,27-30). Com isso, Jesus anuncia a sua Paixão, radicaliza a sua prática e dá continuidade ao seu ministério.

- A redação do Evangelho possui forte intenção teológica, o que equivale dizer que não há preocupação por narração histórica ou biográfica de fatos, mas a interpretação de situações concretas vivenciadas por determinada comunidade cristã emergente (provavelmente em Roma), por volta dos anos 70 d.C.

- A compreensão dos Evangelhos (não só o de Marcos) requer a consideração de três sujeitos/momentos articulados, constitutivos da redação: (a) Sujeito 1: Jesus histórico (jesuânico); (b) Sujeito 2: a transmissão oral ou escrita de blocos, bem como a reinterpretação do evento Jesus no período pós-pascal até o período do evangelista; e (c) Sujeito 3: a redação final do evangelista (pessoal ou coletivo).

## A experiência na Galileia: a teologia oficial em questão

O ministério de Jesus inicia-se na Galileia após a experiência do deserto, segundo o relato do Evangelho de Marcos. "Ao longo da história de Israel, surge uma *espiritualidade do deserto*, que é um lugar de solidão, oração, luta interior, tentação, purificação, recomeço da história e encontro com Deus" (RICHARD, 1993, p. 14).

A Galileia possui significado teológico relevante. Ali Jesus escolheu os seus discípulos (Mc 1,16-20; 2,14 e 3,13-19), deu-lhes a missão (Mc 6,6b-13) e os preparou para os enfrentamentos e para a Paixão (Mc 8,31ss). A

Galileia contrasta com Jerusalém – lugar de onde procedem opositores: "E os escribas que haviam descido de Jerusalém diziam: 'Beelzebu está nele'" (cf. Mc 3,22). "Os fariseus e alguns escribas vindos de Jerusalém reuniram-se a ele" (e discutiram sobre a tradição dos antigos) (cf. Mc 7,1-13).

A Galileia, portanto, "mais que um lugar geográfico é um lugar teológico", e servirá, posteriormente, como está redigido no final do Evangelho, de referência simbólica de onde encontrar o ressuscitado (Mc 16,7).

A ênfase do *kairós* de que "o tempo está realizado e o Reino de Deus está próximo. Convertei-vos e crede no Evangelho" (cf. Mc 1,15), abre, para Jesus, uma longa jornada de conflito em meio à sua vida e mensagem. A Galileia é distante do Centro, mas não deixa de ser lugar privilegiado para a crítica de Jesus aos poderes constituídos e que estão em contraposição à mensagem do Reino por ele proclamada.

## O que é o Centro?

A chave interpretativa dessa expressão é a conjugação dos fatores políticos externos e internos presentes na vida do povo judeu. Os primeiros tratam de uma dominação exercida pelo Império Romano, de cunho político-econômico. Os fatores internos referem-se a uma supremacia de lideranças judaicas, de cunho político-religioso, que redundava em posturas de consonância com o poder romano. As críticas indicam que se tratava de uma "casta de sacerdotes e mestres corruptos, colaboradores do Império Romano" (RICHARD, 1993, p. 12).

Esse cenário de dupla dominação produzia massas economicamente pobres, religiosamente marginalizadas e politicamente reprimidas, em especial a partir dos mecanismos institucionais dos tributos, da Lei e do exército. Por outro lado, esse mesmo quadro gerou revoltas e movimentos de resistência, e a Galileia, lugar da infância e da juventude de Jesus, foi um dos locais mais afetados pelas convulsões políticas e sociais da época.

Entre os grupos políticos (e religiosos, certamente, dada a mentalidade da época) destacavam-se os *saduceus* (economicamente abastados e aliados do Império), os *fariseus* (nacionalistas moderados, observantes da Lei), os *zelotes* (nacionalistas extremados), os *essênios* (que viviam em comunidades, afastados de Jerusalém, considerada corrupta) e o movimento profético (de massas e apocalíptico e que possuía na pessoa de João Batista forte referência).

As autoridades judaicas exerciam o poder por intermédio do sinédrio (como expressão política) e do templo (como expressão teológica), ambos localizados em Jerusalém. O sinédrio (conselho supremo dos judeus) era dirigido por um sumo sacerdote judeu e formado por 71 integrantes, entre fariseus e uma maioria de saduceus.

O templo, por sua vez, era de vital importância para o povo judeu e para os habitantes de Jerusalém, em especial. Tratava-se de motivo de orgulho, chave de identidade, síntese sacramental da eleição e fonte da economia judaica, a qual incluía o comércio de animais para os sacrifícios, o trabalho de construção do templo – ainda presente na época de Jesus – e os serviços dos sacerdotes, levitas e outros.

Em torno desses dois elementos havia um sistema de ideias e de práticas, o qual foi objeto de contestação de vários grupos e do ministério e seguimento de Jesus. O Centro, portanto, mais do que geográfico, era a expressão ideológica de um sistema de doutrinas e de práticas político-religiosas vigentes. A espiritualidade de Jesus se desenvolve nesse contexto.

## Os primeiros conflitos

Não obstante Jesus ter privilegiado a população camponesa e empobrecida da Galileia como alvo preferencial de seu ministério (em vez de se dirigir às autoridades e aos grupos sociais de destaque em Jerusalém), sua prática estabeleceu uma polêmica radical com os fariseus e com os mestres de Israel. O Evangelho de Marcos revela, a partir do relato de cinco atitudes de Jesus, em sequência, esse confronto:

1. Perdoa os pecados de um paralítico e cura-o de sua enfermidade (2,1-12).

2. Convida um cobrador de impostos (Levi) para ser seu discípulo e vai à casa dele para comer em companhia de outros publicanos (2,13-17).

3. Deixa, juntamente com os seus discípulos, de observar a prática do jejum, prescrita na Lei (2,18-22).

4. Faz esforços indevidos segundo a Lei ao colher espigas pelas plantações do caminho em que andava, em dia de sábado (2,23-28).

5. Igualmente em dia de sábado, na sinagoga, cura um homem doente (3,1-5).

Tais atitudes geram, da parte de fariseus e de herodianos, a imediata intenção de conspiração contra Jesus e de planejamento de sua morte (Mc 3,6). Eles perceberam as dimensões libertadoras (e, nesse sentido, subversivas) contidas nos discursos de Jesus e que orientavam as práticas dele:

- *A universalidade da graça de Deus*

    "Não são os que têm saúde que precisam de médico, mas os doentes. Eu não vim chamar justos, mas pecadores" (cf. Mc 2,17).

- *A força criadora de Deus*

    "Ninguém faz remendo de pano novo em roupa velha; porque a peça nova repuxa o vestido velho e o rasgo aumenta. Ninguém põe vinho novo em odres velhos; caso contrário, o vinho estourará os odres, e tanto o vinho como os odres ficam inutilizados. Mas vinho novo em odres novos" (cf. Mc 2,21-22).

- *A supremacia do ser humano em relação à religião*

    "O sábado foi feito para o homem, e não o homem para o sábado, de modo que o Filho do Homem é senhor até do sábado" (Mc 2,27).

## *A necessidade de discernimento*

Nos relatos seguintes, sob o marco teológico negativo de Jerusalém (o Centro), encontram-se confrontos com autoridades religiosas vindas de lá (Mc 3,22-30 e 7,5-13), além da referência de Herodes a Jesus:

> E o rei Herodes ouviu falar dele. Com efeito, seu nome se tornara célebre, e dizia-se que João Batista fora ressuscitado dos mortos, e por isso os poderes operavam através dele. Já outros diziam: "É Elias". E outros ainda: "É um profeta como outros profetas". Herodes, ouvindo estas coisas, disse: "João, que eu mandei decapitar, foi ressuscitado" (Mc 6,14-16).

No relato do conflito com fariseus e escribas sobre a tradição dos antigos, Jesus inverte os termos da controvérsia (cf. Mc 7,5-8):

[...] os fariseus e os escribas o interrogaram: "Por que não se comportam os teus discípulos segundo a tradição dos antigos, mas comem com mãos impuras?". Ele respondeu: "Bem profetizou Isaías a respeito de vós, hipócritas, como está escrito: *Este povo honra-me com os lábios, mas o seu coração está longe de mim. Em vão me prestam culto; pois o que ensinam são mandamentos humanos.* Abandonais o mandamento de Deus, apegando-vos à tradição dos homens".

Reúnem-se nesse debate indicações teológicas fundamentais. A primeira é a contradição entre a tradição profética da Aliança (recriada por Jesus) e a tradição sacerdotal da pureza (cristalizada pelos opositores). A segunda, a falibilidade da religião e do culto firmados na defesa de preceitos e de interesses meramente humanos, tornando uma prática religiosa vazia e mentirosa. E uma terceira se baseia no direito e na justiça como critérios para discernir o que é a Lei de Deus e o que é a lei humana.

Todas essas experiências, somadas às referências de conflito indireto, como a negação do pedido por um sinal dos céus que os fariseus fazem a Jesus (Mc 8,11-13) e a recomendação de Jesus aos discípulos para que tivessem cuidado e se guardassem "do fermento dos fariseus e do fermento de Herodes" (cf. Mc 8,15), culminam com a cura de um cego em Betsaida (Mc 8,22-26). O forte conteúdo teológico dessa cura abre perspectivas para uma nova etapa: a caminhada em direção a Jerusalém. Antes dela, a necessidade de discernimento, de "perceber alguma coisa", de "abrir os olhos". Ao mesmo tempo, somente uma intensificação da prática capacita para que se veja perfeitamente. O cego de Betsaida é símbolo dos discípulos.

## A caminho de Jerusalém: tempo de crise e opções radicais

Cumprida a missão na Galileia, Jesus dirige-se a Jerusalém, cidade-Estado, centro do poder político-religioso de Israel. Ir a Jerusalém significava um enfrentamento mortal com as autoridades políticas e religiosas.

O contato de Jesus com as multidões abria as possibilidades de poder, em especial pelas expectativas messiânicas do povo. Jesus, ao estar com as multidões, corria risco real de vida, pois o contexto de insurreições populares caracterizava o momento e as condições políticas dos diferentes grupos. No entanto, acima das intenções querigmáticas, ele exercia a solidariedade, como fizera na partilha dos pães e dos peixes:

"Assim que ele desembarcou, viu uma grande multidão e ficou tomado de compaixão por eles, pois estavam como ovelhas sem pastor" (cf. Mc 6,34).

A ida a Jerusalém apresentava e tornava ainda mais público o projeto do Reino de Deus, agora a partir do centro de sua própria nação.

## *O que é ser discípulo?*

Nesse contexto, surge a necessidade de melhor definição do que é ser discípulo, ou seja, de quais são as condições para seguir Jesus:

> Chamando a multidão, juntamente com os seus discípulos disse-lhes: "[...] aquele que quiser salvar a sua vida, vai perdê-la; mas o que perder a sua vida por causa de mim e do Evangelho, vai salvá-la. Com efeito, que aproveita ao homem ganhar o mundo inteiro e arruinar a sua vida? [...]" (cf. Mc 8,34-36).

Há uma radicalidade de Jesus, expressa na prioridade do projeto do Reino: "Se tua mão te escandaliza, corta-a: melhor é entrares mutilado para a Vida do que, tendo as duas mãos, ires para a geena, para o fogo inextinguível" (cf. Mc 9,43-44).

## *Os anúncios da Paixão*

Nesse contexto conflitivo, Jesus faz o primeiro anúncio da Paixão. Essas palavras representam, tanto para os discípulos como para o próprio Jesus, interpelação existencial profunda, tempo *kairótico* de decisão e vivência intensa da espiritualidade.

> E começou a ensinar-lhes que era necessário que o Filho do Homem sofresse muito, e fosse rejeitado pelos anciãos, sumos sacerdotes e escribas, e fosse morto e, depois de três dias, ressuscitasse. Dizia isto

abertamente. Pedro, chamando-o de lado, começou a adverti-lo. Ele, porém, voltando-se e vendo os seus discípulos, repreendeu a Pedro, dizendo: "Arreda-te de mim, Satanás, porque não pensa as coisas de Deus, mas dos homens!" (cf. Mc 8,31-33).

Diante de Jesus está a escolha entre a fidelidade radical ao projeto do Pai e uma forma de suavização "ao tratar de torná-lo mais aceitável e possível, de modo a ser negociado com as autoridades judias" (RICHARD, 1993, p. 42). Jesus segue o seu caminho, dá continuidade aos seus fortes apelos à multidão e aos discípulos ao afirmar, entre outros aspectos, que "se alguém quiser vir após mim, negue-se a si mesmo, tome a sua cruz e siga-me" (cf. Mc 8,34). Assim, Jesus, em meio à dinamicidade de seu caminho/ministério, faz o segundo e o terceiro anúncio da Paixão:

> Tendo partido dali, caminhava através da Galileia, mas não queria que ninguém soubesse, pois ensinava aos seus discípulos e dizia-lhes: "O Filho do Homem será entregue às mãos dos homens e eles o matarão e, morto, depois de três dias ressuscitará". Eles, porém, não compreendiam esta palavra e tinham medo de interrogá-lo (cf. Mc 9,30-32).
> Estavam no caminho, subindo para Jerusalém. Jesus ia na frente. Estavam espantados, e acompanhavam-no com medo. Tomando os Doze novamente consigo, começou a dizer o que estava para lhe acontecer. "Eis que estamos subindo para Jerusalém e o Filho do Homem será entregue aos sumos sacerdotes e aos escribas; eles o condenarão à morte e o entregarão aos gentios, zombarão dele e cuspirão nele, o açoitarão e o matarão, e três dias depois ressuscitará" (cf. Mc 10,32-34).

## *Perspectivas novas*

Os anúncios da Paixão não possuíam intenções imobilizadoras ou de crítica vazia ao sistema ou, ainda, de dispersar a esperança. Ao contrário, o relato do Evangelho de Marcos apresenta, em meio às perspectivas de sofrimento e de morte, linhas teológicas de práticas religiosas essencialmente libertadoras, tais como:

- a fraternidade como valor:

    E chegaram a Cafarnaum. Em casa, ele lhes perguntou: "Sobre o que discutíeis no caminho?". Ficaram em silêncio, porque pelo caminho vinham discutindo sobre qual era o maior. Então ele, sentando-se, chamou os Doze e disse: "Se alguém quiser ser o primeiro, seja o último e aquele que serve a todos". Tomou uma criança, colocou-a no meio deles e, pegando-a nos braços, disse-lhes: "Aquele que receber uma destas crianças por causa do meu nome, a mim recebe; e aquele que me recebe, não é a mim que recebe, mas sim àquele que me enviou" (cf. Mc 9,33-37).

- e a autoridade como serviço:

    Chamando-os, Jesus lhes disse: "Sabeis que aqueles que vemos governar as nações as dominam, e os seus grandes as tiranizam. Entre vós não deverá ser assim: ao contrário, aquele que dentre vós quiser ser grande, seja o vosso servidor, aquele que quiser ser o primeiro dentre vós, seja o servo de todos. Pois o Filho do Homem não veio para ser servido, mas para servir e dar a sua vida em resgate por muitos" (cf. Mc 10,42-45).

O caminho para Jerusalém, em si, contempla vários significados. Um deles é que o discipulado requer nova direção, deslocamento constante, prosseguimento. Outro é como o reconhecimento do discipulado se faz pela fidelidade a esse caminho de conflitos e de perspectivas sombrias. E ainda outro mostra como a ação concreta de caminhar remete a novas visões da fé, em especial de desprendimento e de despojamento evangélicos. Resta-lhes o inevitável.

## O ministério de Jesus em Jerusalém: o conflito decisivo

A principal atividade de Jesus em Jerusalém foi a confrontação com o templo, com as autoridades e também com o povo. A chegada dele à cidade deu-se no tempo da Páscoa, época de grandes significados para o povo judeu.

A Páscoa mobilizava numerosos grupos vindos de outros lugares, o que triplicava a população por aqueles dias. Isso fazia com que a Páscoa, além de seu significado religioso, obtivesse o valor de mais importante momento para Jerusalém (e Israel, naturalmente), uma vez que confirmava e legitimava a cidade como centro político e econômico.

## O questionamento ao templo

Nesse quadro, Jesus trava um destacado embate, com dois momentos: um público e outro privado. O primeiro – que, em função da proximidade da Páscoa, ganhou proporções consideráveis – centrou-se em "uma ação fulminante e profética contra o templo" e está registrado nos capítulos 11 e 12 do Evangelho de Marcos. Nesse primeiro momento do embate, o público, destacam-se:

- *a entrada messiânica em Jerusalém* (11,1-13) (prenhe de significados políticos e teológicos);
- *o sinal da figueira que secou* (11,12-14) (símbolo do templo em Israel);
- *a purificação do templo* (11,15-19) (que despertou a ira dos sumos sacerdotes e escribas);
- *o debate com os sumos sacerdotes, escribas e anciãos* (11,27-33) (sobre a questão da autoridade e do batismo);
- *a parábola da vinha* (12,1-12) (onde o dono da vinha viria destruir os vinhateiros e dar a vinha a outros);
- *o embate com fariseus e herodianos* (12,13-17) (sobre o imposto a César);
- *o debate teológico com os saduceus* (12,18-27) (sobre a ressurreição dos mortos);
- *a discussão com os escribas* (12,28-40) (sobre os mandamentos e outras práticas);
- *a oferta da viúva pobre* (12,41-44) (em frente ao tesouro do templo).

Após isso, Jesus, agora de forma privada com seus discípulos, faz uma reflexão sobre o futuro do templo e do seguimento das propostas do Reino. Tais perspectivas estão registradas no capítulo 13 de Marcos, em linguagem escatológica, e destacam que "não ficará pedra sobre pedra no templo" (cf.

1-4), dando lugar ao "princípio das dores" (cf. 5-13), à "grande tribulação de Jerusalém" (cf. 14-23), à "manifestação gloriosa do Filho do Homem" (cf. 24-27), o que requer discernimento" (cf. 28-32) e "vigilância" (cf. 33-37) constantes.

No decorrer de todo o Evangelho, em contraposição ao *templo*, Jesus realça a *casa* como lugar de evangelização por excelência. Para a casa Jesus envia o paralítico e o endemoninhado após anunciar-lhes a Boa-Nova (Mc 2,11; 5,19); nela a multidão se aglomera para estar com Jesus (Mc 2,2 7,24); a casa é o lugar de formação e de diálogo com os discípulos (Mc 9,33; 10,10); e de celebração da ceia (Mc 14,15).

A atitude de Jesus em relação ao templo possui momentos paradigmáticos. Um dos rememoráveis é o da "purificação":

> Chegaram a Jerusalém. E entrando no templo, começou a expulsar os vendedores e os compradores que havia no templo: virou as mesas dos cambistas e as cadeiras dos que vendiam pombas, e não permitia que ninguém carregasse objetos através do templo. E ensinava-os dizendo: "Não está escrito: *A minha casa será chamada casa de oração para todos os povos?* Vós, porém fizestes dela um *covil de ladrões!*". Os sumos sacerdotes e os escribas ouviram isso e procuravam como fazê-lo perecer, pois toda a multidão andava muito extasiada com o seu ensino. Ao entardecer, ele se dirigiu para fora da cidade (cf. Mc 11,15-19).

O questionamento à comercialização no templo causou certa paralisação econômica, não sem drásticas consequências. As autoridades religiosas e os recursos de manutenção delas e de todo o sistema estavam em questão e requeriam providências. Da parte de Jesus, o enfrentamento possuía duas dimensões: a ética (pela atitude que favorecia as vendas) e a teológica (pela ideologia que produzia "boa consciência") (cf. RICHARD, 1993, p. 46).

A primeira, por vezes, foi mais destacada nas pregações que atravessaram a história da Igreja. Todavia, foi sobretudo a segunda – a crítica às formas religiosas de autossalvação humana – que Jesus enfatizou. Tratava-se, mais uma vez, de recriar a tradição espiritual e profética da justiça e a tradição sinaítica de que Deus é maior, que está para além, que alcança o povo, mas não é alcançado por ele. Nesse sentido, há forte confronto entre Jesus e a visão religiosa do povo.

## *Religião oficial x Reino de Deus*

No confronto direto com as autoridades, Jesus evidencia determinadas contradições do poder constituído. Esse tipo de atitude dele causava entusiasmo popular em função de certo desgaste já vivido pelas autoridades. Uma das contradições está no plano do conhecimento. Trata-se, como referiu Pablo Richard, do "não saber" dos teólogos oficiais.

> Foram de novo a Jerusalém, e enquanto ele andava no templo, aproximaram-se os sumos sacerdotes, os escribas e os anciãos, e lhe perguntavam: "Com que autoridade fazes estas coisas? Ou, quem te concedeu esta autoridade para fazê-las?". Jesus respondeu: "Eu vou propor-vos uma só questão. Respondei-me e eu vos direi com que autoridade faço estas coisas. O batismo de João era do céu ou dos homens? Respondei-me". Eles arrazoavam uns com os outros dizendo: "Se respondermos: 'do céu', ele dirá: por que não crestes nele? Mas, se respondermos: 'Dos homens'?". Temiam a multidão, pois todos pensavam que João era de fato um profeta. Diante disso, responderam a Jesus: "Não sabemos". Jesus então lhes disse: "Nem eu vos digo com que autoridade faço estas coisas" (cf. Mc 11,27-33).

Outra contradição encontra-se no plano político. Trata-se do "não poder", em especial dos fariseus. Jesus não se alinha aos fariseus (pela oposição pragmática destes aos romanos) nem aos saduceus (pelo oportunismo complacente). Com essa perspectiva inovadora e autônoma de Jesus entende-se mais adequadamente a resposta dele sobre a questão do imposto a César:

> Enviaram-lhe, então, alguns dos fariseus e dos herodianos para enredá-lo com alguma palavra. Vindo eles, disseram-lhe: "Mestre, sabemos que és verdadeiro e não dás preferência a ninguém, pois não considera os homens pelas aparências, mas ensina, de fato, o caminho de Deus. É lícito pagar imposto a César ou não? Pagamos ou não pagamos?".

Ele, porém, conhecendo a sua hipocrisia, disse: "Por que me pondes à prova? Trazei-me um denário para que eu veja". Eles trouxeram. E ele disse: "De quem é esta imagem e a inscrição?". Responderam-lhe: "De César". Então Jesus lhes disse: "O que é de César devolvei a César, o que é de Deus, a Deus". E muito se admiraram dele (cf. Mc 12,13-17).

No confronto com os saduceus, Jesus desvela outra contradição, agora no plano da verdade. Trata-se do "não crer". Essa perspectiva dos saduceus gera cinismo, pragmatismo e maior desejo de manutenção do *statu quo*. A fé na ressurreição, como verdade teológica e filosófica, redimensiona a vida e confere sentido último à dimensão temporal. Daí a crítica de Jesus ao saduceus.

Então foram até ele alguns saduceus – os quais dizem não existir ressurreição – e o interrogaram: "Mestre, Moisés deixou-nos escrito que se alguém tiver irmão que morra deixando mulher sem filhos, tomará ele a viúva e suscitará descendência para o seu irmão. Havia sete irmãos. O primeiro tomou a mulher, e morreu sem deixar descendência. O segundo tomou-a e morreu sem deixar descendência. E o mesmo sucedeu ao terceiro. E os sete não deixaram descendência. Depois de todos, também a mulher morreu. Na ressurreição, quando ressuscitarem, de qual deles será a mulher? Pois que os sete a tiveram por mulher". Jesus disse: "Não é por isso que vos enganais, desconhecendo as Escrituras e o poder de Deus? Pois quando ressuscitarem dos mortos, nem eles se casam, nem elas se dão em casamento, mas são como os anjos nos céus. Quanto aos mortos que hão de ressurgir, não lestes no livro de Moisés, no trecho sobre a sarça, como Deus lhe disse: 'Eu sou o Deus de Abraão, o Deus de Isaac, e o Deus de Jacó'? Ora, ele não é Deus de mortos, mas sim de vivos. Estais muito enganados!" (cf. Mc 12,18-27).

O último confronto possui a ênfase no plano da práxis. Jesus, ao explicitamente apontar a contradição dos Escribas, revela o "não ser" desse grupo.

Guardai-vos dos escribas que gostam de circular com togas, de ser saudados nas praças públicas, e ocupar os primeiros lugares nas sinagogas e os lugares de honra nos banquetes; mas devoram as casas das viúvas e simulam que estão rezando longamente. Esses receberão sentença mais severa (cf. Mc 12,38-40).

## *O princípio das dores*

O Evangelho de Marcos registra, em meio aos conflitos com as autoridades e à morte de Jesus, um longo discurso escatológico (Mc 13). Com ele, pretende-se corrigir as expectativas apocalípticas dos discípulos – oriundas do Judaísmo nacionalista – que eram firmadas, especialmente, na espera da parúsia próxima do Messias, com a expulsão dos romanos e instauração de um Estado judeu autônomo. Por outro lado, não se pretende com esse discurso diminuir a esperança no triunfo final da justiça de Deus.

Ao sair do templo, disse-lhe um dos seus discípulos: "Mestre, vê que pedras e que construções!". Disse-lhe Jesus: "Vês estas grandes construções? Não ficará pedra sobre pedra que não seja demolida". Sentado no Monte das Oliveiras, em frente ao templo, Pedro, Tiago, João e André, a sós, lhe perguntaram: "Dize-nos: quando isso acontecerá, e qual o sinal de que todas estas coisas estarão para se consumar?" (cf. Mc 13,1-4).

O que está em perspectiva é a ampliação da visão escatológica. Não é a destruição do templo o evento definitivo. Ela não marca a chegada da parúsia. Após o templo, vem o novo tempo, a nova comunidade.

"Quando ouvirdes falar de guerra e de rumores de guerra, não vos alarmeis: *é preciso que aconteçam*, mas ainda não é o fim" (cf. Mc 13,7).

A comunidade, por sua vez, não deve se enganar em determinados sinais. Eles não são o fim; ainda se seguirão momentos de provações e de possibilidades de ação missionária: "Ficai de sobreaviso. Entregar-vos-ão aos sinédrios e às sinagogas, e sereis açoitados, e vos conduzirão perante governadores e reis por minha causa, para dardes testemunhos perante eles. É necessário que primeiro o Evangelho seja proclamado a todas as nações" (cf. Mc 13,9-10).

A base teológica é que Deus é o Senhor da história; ele determina o tempo. O *telos* é, por ele, redimensionado e toda a realidade presente, não obstante a presença dos poderes opressores que geram a morte, é ocasião para o testemunho, perseverança e vigilância dos cristãos.

"Atenção, e vigiai, pois não sabeis quando será o momento" (cf. Mc 13,33).

## Jesus, o poder romano e o poder judeu

A morte de Jesus teve objetiva consciência, tanto do poder romano como das autoridades judias. Ele deslegitimou ambas, em especial com o silêncio. Primeiramente no sinédrio: "Levantando-se então o sumo sacerdote no meio deles, interrogou Jesus dizendo: 'Nada respondes? O que testemunham estes contra ti?'. Ele, porém, ficou calado e nada respondeu" (cf. Mc 14,60-61).

Depois, ante Pilatos:

> Logo de manhã, os sumos sacerdotes fizeram um conselho com os anciãos e os escribas e todo o sinédrio. E amarrando a Jesus, levaram-no e entregaram-no a Pilatos. Pilatos o interrogou: "És tu o rei dos judeus?". Respondendo, ele disse: "Tu o dizes". E os sumos sacerdotes acusavam-no de muitas coisas. Pilatos o interrogou de novo: "Nada respondes? Vê de quanto te acusam!". Jesus, porém, já nada mais respondeu, de sorte que Pilatos ficou impressionado (cf. Mc 15,1-5).

O silêncio é expressão política, espiritual e teológica de relevância. Jesus falou aos pobres e calou-se diante dos poderosos. Com isso, revelam-se a atitude e a missão preferencial que marcou o ministério dele. O silêncio, quando não por conveniência própria, indica especial mística, um "para além de", despojamento absoluto e confiança no Pai. O silêncio é sinal de libertação.

As autoridades judias entregaram a responsabilidade pela morte de Jesus aos romanos. Tal atitude evidenciou definitivamente a intrínseca relação entre a esfera religiosa e a política presente na missão de Jesus.

Quem, afinal, matou Jesus? É necessário destacar que não foram os judeus que o assassinaram, como por vezes aparece no senso comum. Essa visão representa um forte antissemitismo. Foram as autoridades judias, em especial os saduceus, em aliança com Pôncio Pilatos e demais autoridades do Império Romano, que desenvolveram o processo que culminou na cruz.

Jesus morreu por fidelidade às tradições libertadoras do êxodo e da aliança dos profetas, expressões do Reino de Deus que pregou. O conflito com o Centro foi inevitável, uma vez que as autoridades judias traíram as próprias tradições e bases teológicas, e as romanas possuíam perspectiva de poder oposta às propostas e práticas de Jesus.

Histórica e pastoralmente, esses relatos, não obstante a ressurreição, conferem medo, como tiveram aquelas que fugiram do túmulo, assustadas (Mc 16,6). Todavia, os consensos exegéticos indicam ser uma história inconclusa... Sinal, portanto, de que o ponto final está por vir, de que fidelidade e esperança se conjugam e de que a realidade presente requer vigilância e novidade permanentes.

## Uma tentativa de atualização

"O tempo não para; não para", diz a canção. É no movimento deste tempo que a experiência evangélica inicial chega aos dias de hoje, com interpelações e apelos espirituais dos mais diversos. O mesmo se pode dizer das respostas (ou da ausência delas) por parte dos cristãos.

Pensar o Evangelho de Marcos no contexto latino-americano da atualidade é tarefa que requer posturas bastante semelhantes à da comunidade marcana, não obstante quase dois milênios no tempo. A pergunta "Quem é Jesus?" igualmente se impõe, em especial pelo florescimento da diversidade religiosa e filosófica no início deste milênio.

Se as análises estão corretas ao indicarem que a vivência da fé cristã, nas diferentes Igrejas e comunidades, distancia-se progressivamente de um núcleo teológico básico e adquirem perfis em sintonia com as transformações sociais (despersonificação, massificação e relativização da vivência comunitária), o Evangelho de Marcos ganha relevo, uma vez que indica a resposta de quem é Jesus a partir do discipulado e do seguimento a ele. Por quê?

### Conflito x harmonia

A nova religiosidade emergente inclui uma articulação de elementos místicos e filosóficos de várias procedências: das expressões espiritualistas do que se chamou a Nova Era, da multiplicação dos grupos orientais, do fortalecimento institucional dos movimentos de renovação carismática e similares, e do crescimento do setor das Igrejas evangélicas, em especial o do Pentecostalismo. Esse amálgama, expresso em formas diferenciadas, está em conexão com a lógica da eficiência, do individualismo, da harmonia e do triunfalismo engendrados pela globalização econômica e das comunicações e pelas políticas neoliberais vigentes. Há uma excessiva confiança na técnica (humana) e pouco apreço (quando não contraposição) à prática da solidariedade e à vivência de caráter mais gratuito e de despojamento. Enfatizar o caminho concreto de seguimento a Jesus, acentuando o conflito como chave de leitura, significa, por um lado, andar na "contramão" da atualidade (pois a chave da mentalidade vigente é a harmonia) e, por outro, corrigir, com a perspectiva de Paixão, sofrimento e instabilidade, a mentalidade triunfalista do êxito religioso, majoritariamente difundida no contexto atual.

## FÉ X RELIGIÃO

Outra interpelação do Evangelho de Marcos é de natureza intraeclesial. Jesus confrontou as autoridades religiosas pela centralização do poder, pela cristalização das doutrinas, pela dogmatização e absolutização das ideias teológicas (a Lei) e pela supremacia da dimensão institucional em detrimento da vida humana.

O campo das Igrejas (para situar apenas a dimensão eclesial e não a religiosa como um todo) está repleto de manifestações do seguimento e de compreensão do Evangelho, nos moldes pastorais indicados em Marcos. São milhares de comunidades – evangélicas e católicas – em todo o continente, onde partilha, solidariedade e comunhão marcam a vida eclesial – por sua vez, não isenta de conflitos. Todavia, de forma crescente, há forte dispersão dessa vivência. A explicação de caráter interno à vida das Igrejas (outras formas de análise são possíveis e complementares) encontra-se, sobretudo, nos enrijecimentos institucionais das estruturas eclesiásticas, tanto católicas quanto protestantes. Os primeiros têm alcançado até mesmo debates mais populares, nas comunidades e na mídia. Até a irreverência de grupos de *rock* sabem que o papa, além de *pop*, "não poupa ninguém" (grupo musical Engenheiros do Havaí). No campo protestante, os processos repressivos (autoritários ou totalitários) são volumosos e têm sido objeto de estudos e de reação popular. Ambos geram movimentos críticos e de renovação institucional. O

Evangelho de Marcos propõe um novo saber e uma nova prática que emerge da comunidade. De fato, ele indica uma nova comunidade, na qual as relações são constituídas de fraternidade e de serviço. Esse é um dos grandes desafios para as Igrejas diante da realidade institucional em que estão mergulhadas neste milênio.

### Reino de Deus x dominação

Uma terceira contribuição do Evangelho de Marcos situa-se no confronto entre Reino de Deus e poder político-econômico. Não obstante os avanços tecnológicos, o clima de barbárie, fruto das políticas implementadas pela maioria dos poderes constituídos no continente, é constrangedor para a ótica cristã. Ressalta-se a situação do uso e da distribuição da terra, a desvalorização da força de trabalho em função da automação, a violência e a degradação da vida nas grandes cidades e a formação de uma massa considerável da população excluída do sistema econômico e passível de ser eliminada pela morte. A prática do Evangelho, ao contrário, é a da solidariedade e da justiça. Os relatos de Marcos confirmam, com as ações de Jesus, tal perspectiva.

Ainda que existam formas exacerbadamente ideologizadas de enfatizar o martírio e a inserção política dos cristãos na América Latina – e vários setores têm feito esta autocrítica –, o fato é que perspectivas pastorais de caráter mais fortemente eclesial (como afetividade, devocionalidade, organização interna) não podem ocultar a necessidade de confronto com toda e qualquer política iníqua, que não produza justiça, cidadania e dignidade humana. O Evangelho de Marcos revela, em sua época, as consequências da radicalidade de Jesus ante as injustiças sociais. Este é, portanto, um parâmetro substancial para a prática dos cristãos.

### Sentido x caos

Por fim, está a grande contribuição do Evangelho de Marcos em oferecer sentido e esperança em meio aos conflitos e às possibilidades de sofrimento e ausência de êxito. Na atualidade, todos os grupos que direta ou indiretamente tinham como referência as experiências e as utopias socialistas chegaram, pelos menos, a duas constatações: a primeira trata da ausência de um projeto global alternativo ao neoliberalismo; e a segunda refere-se ao conjunto de perplexidades em diferentes campos do conhecimento – o que inclui a teologia e a pastoral – que, usualmente, passou a ser denominado "crise dos paradigmas".

Cazuza diz, na canção *Ideologia*: "Meu partido é um coração partido e as ilusões estão todas perdidas". Daí o *kairós*, o tempo oportuno para novas referências e novas esperanças. O Evangelho de Marcos mostra essa possibilidade, indica o caminho ("o seguimento de Jesus no prosseguimento de sua causa") e cria nos discípulos, de ontem e de hoje, a ânsia de sentido. De fato, "eu quero uma [ideologia] pra viver", como expressa a mesma canção.

## Referências bibliográficas

GALLARDO, Carlos Bravo. *Galileia ano 30;* para ler o Evangelho de Marcos. São Paulo: Paulinas, 1996.

_____. *Jesus, homem em conflito;* o relato de Marcos na América Latina. São Paulo: Paulinas, 1999.

RICHARD, Pablo. *O homem Jesus.* São Paulo: Editora Moderna, 1993.

# 3

# O encontro com a fragilidade humana: uma espiritualidade que vai da fraqueza à força

"Dá força ao cansado, e multiplica as forças ao que não tem nenhum vigor."
(cf. Is 40,29)

"Por tanto amor,
por tanta emoção,
a vida me fez assim,
doce ou atroz,
manso ou feroz,
eu caçador de mim."
(Milton Nascimento, *Caçador de mim*)

Somos fracos ou somos fortes? Perguntas como esta estão bem presentes no cotidiano das Igrejas e na vida das pessoas em geral. Elas estão dentro do universo complexo dos movimentos religiosos atuais, que desafiam fortemente a teologia e a busca de formas autênticas de espiritualidade, especialmente na tarefa de refletir sobre o ser humano, seus limites e suas possibilidades.

Há, pelo menos, duas vertentes dentro do quadro teológico-pastoral que requerem atenção especial da antropologia teológica. A primeira se dá nas realidades eclesiais, católicas e protestantes, cujo perfil se alinha com determinadas experiências encontradas, especialmente, mas não exclusivamente, nos meios pentecostais e de renovação carismática. Multiplicam-se nesses referidos meios os apelos para que os fiéis refutem suas adversidades, fragilidades e doenças. Trata-se das perspectivas da "confissão positiva"

– marcada pelas práticas religiosas de afirmação somente dos aspectos positivos da vida, como sempre dizer "sou um vencedor", por exemplo – e da "posse da bênção" – que visa a possibilitar realizações pessoais a partir da declaração, exaustiva e categórica, de que tal realidade já existe. Tal visão religiosa, como vertente doutrinária de distintos grupos, está ligada às propostas de avivamento religioso e, em geral, são apresentadas como a saída para os diferentes problemas pessoais e sociais. É compreender a palavra humana (e não necessariamente a divina) como criadora de uma nova realidade positiva. É a busca do novo a partir da fuga e não aceitação das limitações humanas.

De forma similar, no contexto teológico latino-americano, as concepções de "construção do Reino" e certo messianismo presente na Teologia da Libertação também podem constituir uma forma exacerbada do poder do ser humano (ou dos cristãos). Elas revelam uma antropologia que tende a omitir as fragilidades e as ambiguidades humanas, com consequências pastorais diversas.

Daí a nossa insistência, inspirados especialmente nas reflexões teológicas de Paul Tillich (1886-1965), sobre a experiência radical e o enfrentamento da *situação-limite* do ser humano, não obstante terem sido formuladas em outro contexto histórico e cultural. Nas palavras a seguir faço especialmente o recurso da conhecida obra desse autor, chamada *A era protestante*.

Nas situações-limite o ser humano se depara com as suas contingências mais agudas, com a crueza da vida, com as barreiras e as limitações mais profundas da existência, com os abismos presentes na realidade concreta da vida, com a impossibilidade de futuro. Enfrentar as situações-limite eliminaria, por exemplo, a nossa reserva em aceitar de maneira resoluta os limites da existência humana, como tem sido comum nas experiências religiosas que mais têm marcado o cotidiano das Igrejas. A conexão dessa perspectiva teológica com as realidades eclesiais que hoje têm marcado mais o nosso contexto é bastante forte.

A postura de enfrentamento da situação-limite do ser humano representa um resoluto *não*, um julgamento realizado sobre todas as formas de ideologia. Tais formas, já nos mostrava Tillich, poderiam ser, por exemplo, a crença inequívoca no método científico como caminho correto para a verdade. Poderia ser também o excessivo valor da ação pedagógica e educativa para moldar as pessoas e transformar a sociedade; ou a ação política que advoga uma conquista utópica imediata; ou, ainda, a manutenção de antigas tradições como solução de problemas. Até mesmo os métodos terapêuticos da psicanálise, não obstante a profundidade de seu poder, não são capazes de conferir um significado último para a vida. O mesmo podemos dizer em relação à vivência intensa de atividades profissionais, humanitárias e ações tidas como bem-sucedidas. Essas não podem ser uma fuga da ameaça que a situação-limite humana traz. Elas também podem ser formas ideológicas e idolátricas. Nada mais atual, considerando a realidade dos dias de hoje!

Sobretudo, é a "segurança espiritual" oferecida pelos movimentos religiosos identificados com as propostas de avivamento religioso e carismático que pode ocultar a seriedade da situação-limite do ser humano. As formas de misticismo, ocultismo e terapia dos movimentos religiosos em questão – tão comuns e conjugadas de maneiras diversas –, além de criar, muitas vezes, fanatismo e arrogância, corroboram para que o povo esqueça que é fraco, perdendo, assim, a possibilidade de ser forte, como no Evangelho (cf. 2Cor 12,9-10); ou de ter fome e sede e ser saciado (cf. Mt 5,5-6).

A dimensão da horizontalidade da fé, por Tillich chamada de "obrigação religiosa", e "o porquê" da ação cristã, esvaziam-se e deformam-se quando não se unem constantemente com a dimensão da verticalidade, a "reserva religiosa", a abertura para o significado eterno das realidades temporais. A radical proclamação da situação-limite do ser humano e o protesto contra todas as tentativas de evadi-la por intermédio de expedientes religiosos ou seculares representam um elemento essencial da fé cristã. Nossa espiritualidade se tornará robusta e profunda se beber dessa fonte.

Nossa visão é que a insegurança humana não pode ser revertida por ativismos, idealismos, sacramentalismos ou outras formas humanas de ação. É nas "situações-limite" vivenciadas pelo ser humano que se pode experimentar o poder onipotente e o amor onipresente de Deus. A felicidade, portanto, pode também estar unida ao risco e à incerteza, próprias da vivência humana, assim como ocorreu com Jesus em suas tentações. A comunhão com Deus é a "negação da negatividade" e não a fuga ou eliminação dela. Os seres humanos são condicionados e finitos e nem por isso deixarão de ser amados e agarrados por aquele que é Incondicional.

Dois aspectos precisam ser ressaltados, portanto. O primeiro é a necessidade da proclamação da situação-limite do ser humano para que a esperança possa surgir e com ela novas realidades, fruto da graça e da fé, possam ser geradas. O segundo aspecto trata da salvação, desejo profundo do humano. Ao mesmo tempo que se afirmará a impossibilidade de autossalvação do ser humano, destacar-se-á positiva e propositivamente a experiência mística como canal de comunhão do ser humano com aquele que é Incondicional.

## A proclamação da situação-limite do ser humano

A relação entre religião e teologia revela a necessidade de uma reserva religiosa capaz de relativizar e discernir todas as iniciativas humanas. Tal perspectiva é uma fonte fecunda de espiritualidade, especialmente por estar associada ao esvaziamento (*kénosis*) indicado na Bíblia (Fl 2). A segunda relação – a da teologia com a vida humana em geral –, abre possibilidades ao ser humano tanto de perceber a realidade (de cruz) como de superá-la (em esperança). É a experiência espiritual que se defronta com a vida. A terceira relação – da teologia com a possibilidade do novo – redimensiona as compreensões da graça e da fé ao considerar que elas possuem poder crítico em relação às formas possíveis de ação humana e, ao mesmo tempo, são geradoras de novas formas de ação. É a espiritualidade geradora de esperança.

Nesse sentido, ressaltamos as questões entre os polos do transcendente e do imanente. Ao lado delas estão vários elementos para a reflexão sobre a religião quando ela necessita situar-se ante o oportunismo (caracterizado por meras reproduções dos valores vigentes) e o utopismo (marcado por ideais enganosos quanto ao destino histórico). Não estariam esses dois aspectos negativos marcando o cotidiano das Igrejas? Caso isso seja um fato, quais seriam as formas mais concretas de ação que pudessem apontar para a superação desse quadro?

Ressaltamos também o caráter fragmentário e ambíguo das formas religiosas e da história de um modo geral. Ao mesmo tempo, indicamos a graça e a fé como dimensões fundamentais da vida religiosa de forte potencial anti-idolátrico e a perspectiva utópica da religião ao interagir criativamente o passado, o presente e o futuro; o que produz uma vivência madura da espiritualidade.

## *O ser humano e a religião: a necessidade de "reserva religiosa"*

Se a religião não tiver uma palavra específica a oferecer às situações que marcam o cenário da vida humana, seja de sofrimento, seja de momentos de entusiasmo com o futuro, ela não será merecedora de ser ouvida. Se a palavra oferecida não for substancial – mas igualada à opinião pública corrente, ou mesmo sendo um pequeno entusiasmo ou segurança a mais para algo que pode ser realizado com ou sem religião –, ela jamais terá valor ou significado. Se a religião cessar de ser a palavra espiritual, a qual julga, transforma e transcende todos os entusiasmos e certezas humanas, ela se diluirá como algo inútil ou, até mesmo, incômodo para a realização dos propósitos de Deus.

### O TRANSCENDENTE E O IMANENTE

A primeira palavra da religião para o povo precisa ser contra as deturpações da própria religião. Uma palavra tal qual a dos profetas bíblicos contra os guardiões da religião nacional, em sua postura acrítica, pseudoprofética e legitimadora de políticas e de instituições distorcidas. Trata-se de realçar, por exemplo, a distinção entre as dimensões do eclesial e do eclesiástico no interior das Igrejas ao resgatar as implicações próprias da tensão entre movimento profético e burocracia institucional, indispensáveis à renovação eclesial e teológica.

A palavra salvífica da religião necessariamente será transcendente e, portanto, crítica e transformadora. Ela responde às linhas vertical e horizontal nas quais o significado da existência humana é simbolizado. A primeira refere-se à dimensão eterna como tal; simboliza, em relação à realidade, a atitude de um categórico "não obstante" e indica algo ao qual se pode chamar de "reserva religiosa". A segunda linha representa a realização temporal desse significado eterno. Em relação à graça divina, ela simboliza a atitude de um decidido "por causa de" e indica o que pode ser chamado de "obrigação religiosa". Na interdependência mútua dessas duas direções, existem importantes aspectos a serem ditos pela religião; e somente nessa perspectiva ela poderá alcançar o seu significado para a humanidade e tornar-se referência espiritual de relevância.

A religião é, acima de tudo, como a mão que primeiramente se abre para receber um dom e que posteriormente age para distribuí-lo. O trabalho exercido como "obrigação religiosa", se não possuir, de fato, esse caráter advindo do eterno, da "reserva religiosa", não poderá ser instrumento de transformação do temporal. Antes, poderá ser até mesmo formas de escapar da ausência de significado existencial.

## A RELIGIÃO ANTE O UTOPISMO

Indicamos, portanto, uma articulação, a mais adequada possível, entre as linhas horizontal e vertical. A dimensão da horizontalidade da fé, a "obrigação religiosa", "o porquê" da ação cristã esvaziam-se e deformam-se quando não se unem constantemente com a dimensão de verticalicalidade, ou seja, com a abertura para o significado eterno das realidades temporais.

Tais perspectivas revelam o caráter fragmentário e ambíguo das formas religiosas e da história. Todas as realizações do ser humano possuem as dimensões de fragmentariedade e de ambiguidade e estão sujeitas à lei histórica de tragédia e decadência humana.

Todavia, a religião, mesmo conhecedora dessa realidade, não se retira da história; ao contrário, ao pronunciar o destino trágico de toda bondade e verdade humanas trabalha irrestritamente para o bem e para a verdade. Sua mensagem não é simples, mas, por outro lado, não é ilusória; é realista, mas não pessimista; refuta o utopismo, mas não a esperança.

## Teologia e vida humana: entre a cruz e a esperança

As análises sobre o ser moderno e autônomo indicaram que o ser humano tem se tornado inseguro em sua autonomia devido à fragmentação da visão de mundo que outrora concedia-lhe sustentação existencial. As diferentes correntes filosóficas que submeteram todas as referências humanas à crítica – em especial os pensamentos de Marx, Nietzsche e Freud – destruíram a antiga visão de mundo que o ser humano possuía. Por outro lado, pouco fizeram no sentido de construir outra visão, uma vez que encontram, justamente nesta perspectiva, os próprios objetivos. O ser humano moderno não possui uma visão integral do mundo e por isso se considera mais perto da realidade e sente-se confrontado mais profundamente com os aspectos problemáticos de sua existência do que aqueles que escondem esses aspectos sob a proteção de uma visão geral do mundo. Para isso, entre outros aspectos, ressaltamos a correlação entre filosofia e teologia, seguindo a orientação de Lutero, na distinção entre Lei e Evangelho.

## As reações perante a autonomia

O elemento para prevenir o ser humano de render-se a propostas heterônomas é o despertamento para as suas situações-limite ou para a definitiva e última ameaça de sua existência humana. Esse sempre foi um dos elementos-chave da espiritualidade protestante, e consideramos que ele reúne condições favoráveis para ser retomado, devido à ruptura que o ser humano tem experimentado hoje em sua autonomia. O que dizer dessa visão ao se considerar os dias de hoje, sobretudo a realidade de sofrimento que marca países como os da América Latina?

A fronteira da situação humana é encontrada justamente quando a possibilidade humana chega ao seu limite, quando a existência humana e a vida planetária são confrontadas com sua definitiva e última ameaça. Não se trata da morte – porque esta, em si mesma, não é a fronteira da existência, mas sim um ponto em direção a ela –, mas da transcendência da existência vital. O ser humano não é idêntico à sua existência corpórea e vital, mas age numa busca incessante do novo, do maior, daquilo que está além de si mesmo. Ele anseia por uma liberdade de transcender a própria existência. Dessa liberdade não pode escapar e por isso carrega consigo o fato de ser radicalmente ameaçado.

Com essa perspectiva, a postura de indiferença não subsiste. Viver na liberdade significa aceitar necessariamente a demanda incondicional para a realização da verdade e o cumprimento do bem. Quando o ser humano desenvolve essas tarefas baseando-se somente na própria confiança ou mesmo ao considerar que elas já estão realizadas, a sua maturidade existencial torna-se enfraquecida. Essas posturas são tentativas de escapar da ameaça que paira sobre as possibilidades humanas.

A maturidade do ser humano somente se realiza quando ele, ao refutar as possibilidades de escape, olha para sua existência como um todo e para o cosmo a partir de suas situações-limite. Trata-se do reconhecimento de sua insegurança, que não pode ser revertida, seja por uma submersão completa nas atividades e processos vitais (ativismos), seja por exercício de atividades intelectuais ou espirituais (idealismos), seja por diferentes aspectos externos da religião (sacramentalismos, misticismos, ascetismos, ortodoxismos e esforços de piedade), porque desconectados da essência da fé cristã.

A força da perspectiva firmada no *princípio protestante*, um dos principais conceitos teológicos formulados por Tillich, reside no fato de ela não tentar evadir, por mediações, sejam elas quais forem, a ameaça definitiva da existência humana, vivida em suas situações-limite. Pelo fato de a religião e a Igreja não serem em si mesmas uma garantia, elas são confrontadas com a mesma independência com que todas as possibilidades humanas também o são. Não se trata de uma orgulhosa ou arrogante independência do ser humano, facilmente caracterizada como um sentimento de superioridade. É, sobretudo, uma questão decisiva de ser ou não ser, que considera o mais profundo nível da existência humana.

## A Igreja e a situação-limite do ser humano

Ao assumir esse posicionamento de viver e anunciar as situações-limite da vida humana e cósmica, a Igreja, como realidade teológica, estará sendo algo bastante diferenciada das Igrejas que se recusam a ser perturbadas em suas "posses espirituais". As Igrejas ou grupos no interior delas mesmas precisam submeter-se a uma crítica radical e eliminar todas as coisas que impedem ou atenuam o despertar da situação-limite da vida e do ser humano. Ou seja, o rito utilizado magicamente; a mística que se supõe ser elemento para produzir um encontro imediato com o Incondicional; o ministério que propõe transmitir uma garantia espiritual que ignore a insegurança da existência humana; o discurso que reivindica estar de posse de uma verdade, exaurindo-se da possibilidade de erro; o ritual que permite uma realização extática e encobre o caráter inesgotável que a realização das demandas divinas possui. Essas posturas – bastante presentes no contexto das Igrejas hoje – evitam, omitem ou negam a impossibilidade humana e tornam as Igrejas vazias de sua substância fundamental, impotentes diante da realidade social e secularizada, uma vez que se rendem à noção de que todas as pessoas, lugares ou coisas podem ser santos por si mesmos.

Para que o contrário venha a ocorrer, há necessidade de as Igrejas encontrarem o poder que no passado foi simbolizado na cruz. Essa experiência revelou para a humanidade, de maneira singular e única, a vivência humana em sua situação-limite. Nesse poder – na verdade, nessa impotência e pobreza – as Igrejas serão despertadas para o significado da própria existência.

No entanto, para Tillich, o que vinha ocorrendo era um esquecimento, por parte das Igrejas, desse significado. Será essa uma realidade semelhante à dos dias de hoje? Nesse sentido, um dos principais equívocos tem sido a reivindicação de uma "pura doutrina" que torna as Igrejas como que donas invulneráveis da verdade. Elas imaginaram poder apegar-se à verdade como se esta estivesse revestida da letra da Escritura e devidamente estabelecida na doutrina das Igrejas.

Todavia, a atmosfera gerada pela cultura autônoma quebrou as posturas de "posse intocável da verdade" e forçou as Igrejas a assumirem outras posições. Há muitos grupos nas Igrejas que estão conscientes de que sua tarefa não é a defesa de um domínio religioso, mas a proclamação da situação-limite na qual todos os domínios seculares e religiosos estão postos em questão.

## A MENSAGEM A SER PROCLAMADA

Em um mundo no qual as afirmações acerca de Deus perdem força e plausibilidade (devido à razão moderna), ou mesmo a autenticidade (em função da lógica Pós-Moderna), o aspecto mais profundo da justificação do ser humano é, justamente, a possibilidade salvífica de discernir Deus e os seus propósitos. Para isso, a mensagem das Igrejas precisa assumir uma tríplice forma. Primeiramente, insistir sobre a experiência radical da situação-limite, ao eliminar a reserva do ser humano moderno em aceitar de maneira resoluta os limites de sua existência humana. Trata-se de um resoluto *não*, um julgamento realizado sobre todas as formas de ideologia. Tillich também indicou que a vivência intensa de atividades profissionais, humanitárias e ações tidas como bem-sucedidas, que representem fuga da ameaça que a situação-limite humana traz, ou a segurança espiritual oferecida pelos movimentos religiosos, com suas formas de misticismo, além de ocultar a seriedade da situação-limite do ser humano, criando fanatismo e arrogância, também são formas ideológicas. É contra todas essas situações que a mensagem do princípio protestante é dirigida; essa é a sua primeira função. Não obstante serem esses aspectos próprios do contexto em que Tillich produziu sua teologia, é inegável e de fácil constatação a atualidade deles. Diante de tais aspectos, os diferentes grupos eclesiais, iluminados por uma teologia consistente, podem intuir e formular diversas propostas pastorais, como tem ocorrido em vários contextos nas últimas décadas.

Em segundo lugar, as Igrejas precisam anunciar o *sim* que se dirige ao ser humano na medida em que ele assume sua situação-limite. É a palavra que confere convicção em meio à insegurança, integridade em meio à desintegração social e fissura da alma humana, afirmação em meio à relatividade de verdades e significado da vida em meio ao desespero e à desesperança. Essa é a essência da mensagem baseada no princípio protestante. As consequências pastorais dessa indicação teológica são forjadas necessariamente a partir de uma vivência comunitária da fé e de uma valorização da história e de toda a criação. E é essa mesma vivência que possibilita a descoberta de novos padrões de vida.

A terceira forma é o testemunho do "Novo Ser", que para a fé cristã está manifesto em Jesus como o Cristo. As Igrejas precisam testemunhar esse poder, pois por intermédio dele serão capazes de anunciar sua palavra ao mundo; ou seja, a própria mensagem profética é por ele relativizada. Ao situar-se na dependência de Cristo, a mensagem das Igrejas adquire seu princípio básico.

Isso faz da perspectiva espiritual protestante uma realidade aberta a todas as coisas – passadas ou futuras, religiosas ou seculares, individuais ou sociais –, mas, por intermédio do poder do "Novo Ser", transcende todas elas. O princípio protestante, como referência teológica para todas as realidades da vida, não desvaloriza nem idealiza a cultura. Ele tenta compreender sua fundação espiritual, sua substância religiosa e sua natureza diretamente fundada em Deus. Por outro lado, também não idealiza nem desvaloriza a religião, mas tenta interpretá-la como expressão direta da substância espiritual na qual as formas culturais estão apresentadas indiretamente.

Nesse sentido, o princípio protestante nega à Igreja, em qualquer de suas versões confessionais, a propriedade de uma esfera santa, na qual ela se refugiaria da crítica, e nega à cultura uma esfera secular, na qual ela poderia escapar do julgamento da situação-limite da vida. O Protestantismo, como Tillich indicou, pode viver nas Igrejas protestantes organizadas, mas ele não está limitado a elas. Por vezes, o princípio protestante tem sido experimentado mais fora do que no interior das Igrejas – sejam elas de tradição protestante, católico-romana ou ortodoxa. Outras vezes pode ser proclamado por movimentos que não são nem eclesiásticos nem seculares, mas pertencem a ambas as esferas. Nesses casos, frequentemente, os protagonistas são grupos e indivíduos que, com ou sem símbolos cristãos ou protestantes, expressam a verdadeira situação humana em face da realidade última e incondicional. As consequências prático-pastorais dessa visão estão em torno da constituição de uma cultura plural, ecumênica, não sectária, que valorize a dimensão eclesial desde que ela esteja em inter-relação profunda com as demandas concretas da sociedade e da vida em geral. Não seria esse um vaso transparente da espiritualidade que tanto desejamos?

## Teologia e criação: a graça e a fé como geradoras de novas realidades

Mas como reunir crítica e esperança? Como possibilitar novos horizontes para a vida e para a fé sem nos aprisionarmos na aridez própria do pensamento crítico e profético? Seria a nossa espiritualidade um fardo a ser levado em função do costumeiro azedume da crítica? Como podemos falar de esperança sem cair nas malhas da alienação?

O problema apresentado por Tillich no que se refere ao poder formativo da vivência religiosa (no caso por ele enfocado, o Protestantismo) foi a possibilidade de articulação entre a crítica profética (própria para a identificação e o combate às formas idolátricas, religiosas ou seculares) e o poder de criar novas formas (próprio para a necessária expressão da fé). À união do protesto com a criação o autor denominará "*Gestalt* da graça".

A pressuposição para indicação da busca de uma expressão (*Gestalt*) da graça é que a "Igreja deve pronunciar esse protesto (contra religião e cultura) incondicionalmente por causa do caráter incondicional do divino, e, ao mesmo tempo, deve expressá-lo concretamente por causa do caráter concreto da situação histórica" (TILLICH, 1992, p. 224). Trata-se de uma espiritualidade ativa no mundo.

Tal perspectiva teológica torna-se criativa e dinâmica, por um lado, na medida em que se direciona na indagação pelo novo, e também responsável e consistente, por outro, na medida em que se constitui em uma perspectiva que, sem destruir os próprios fundamentos, busca as novas realidades. Tal perspectiva nos faria retomar a discussão – fortemente presente no contexto eclesial latino-americano desde a década de 1960 – sobre a possibilidade de "uma nova forma de ser Igreja" e, sobretudo, da irrupção do "novo homem [e da nova mulher] e da nova sociedade", dentro das marcas que buscam a paz, a justiça e a integridade da criação.

## A GRAÇA E A FÉ

Ao aprofundarmos teologicamente a tensão entre forma e graça, destacamos o que se chamou de uma "estrutura divina da realidade", ou seja, a fé. A ação divina, não obstante a sua transcendência e independência, somente tem significado e poder se for apropriada pela fé humana. Embora a fé seja uma atitude do ser humano, ela não provém dele, mas se torna efetiva nele. A fé é criada pela escuta da Palavra; esta é recebida em sua transcendência e corporificada em sua imanência, criando uma estrutura divina da realidade. A Palavra cria a fé como o poder gerador de novas realidades, formando comunidades e novas formas de vida pessoal.

A graça manifesta-se por uma forma viva. O divino surge por intermédio da humanidade de Cristo, da fraqueza histórica da Igreja, da finitude material do sacramento, ou seja, por toda e qualquer realidade finita com seus significados transcendentes. Todavia, como o autor afirma,

> as formas da graça são sempre finitas, levando-nos para além delas. São, de certa forma, escolhidas pela graça, para manifestá-la; mas não são mudadas pela graça para que pudessem ser, afinal, a própria graça. O protesto protestante reage contra a ideia da identificação da graça com as formas finitas que ela utiliza. Segundo o princípio protestante, tal identificação não passa de *hybris* demoníaca (TILLICH, 1992, p. 229).

Portanto, acentuamos a necessidade de afirmar o divino como o sentido transcendente das realidades finitas e alerta para o fato das possíveis identificações idolátricas entre o sentido das formas com as próprias formas, ainda que religiosas.

### O FUTURO E O PRESENTE

Em todas as formas de religião o elemento especificamente religioso necessita estar relacionado com o elemento secular e se deixar questionar por ele. Ou seja, o poder formativo que a religião possui deve ser testado pela crítica científica, pela visão racional, pela atitude humanística, pelas relatividades culturais e por qualquer outra dimensão secular, mas não pode, contudo, render-se a elas. Se isso ocorrer, a forma continua religiosa, mas deixa de ser expressão da graça. Todavia, se para preservá-la como tal a religião retira-se ou evita o mundo secular, ela deixa de expressar o princípio protestante. Tal concepção é fundamental para a busca de uma espiritualidade saudável, autêntica e promotora da vida.

Outra dimensão do poder criador do princípio protestante é que em todas as suas formas o elemento eterno precisa ser expresso em relação à situação presente. Essa expressão necessita ser concretamente experimentada na vida, pois a profundidade de cada momento presente é o seu poder de transformar o passado em futuro. Toda realidade da graça, presente em cada forma protestante, requer uma atitude e expressão de ousadia, decisão e risco, sem as quais elas jamais serão expressas.

Por fim, essa atitude de ousadia precisa estar em conexão com a realidade para não tornar-se evasiva e sem eficácia. Ela não pode ser subtraída, pois sem coragem e desprendimento a realidade não pode ser descoberta. Todavia, o "realmente real" não pode ser alcançado sob a garantia lógica ou metodológica. Ele é descoberto pela fé. Esse é um caminho sobremodo excepcional de viver a espiritualidade hoje.

# O ser humano em busca de salvação
## O valor da mística e a dimensão incondicional da fé

A intensificação e a diversificação das experiências religiosas verificada a partir do final do milênio em diferentes países indicam, entre outros aspectos, o que temos chamado de esgarçamento da razão moderna como doadora de sentido para a humanidade. Ao lado disso, a falência dos projetos utópicos globais, tão fortemente estudada, leva contingentes expressivos da população, diferenciados nos mais diversos níveis sociais e culturais, a buscarem formas intimistas e privatizadas de expressão religiosa e de salvação.

Como se sabe, a religiosidade de consumo e de resultados própria das teologias de prosperidade está em sintonia com a lógica do neoliberalismo econômico, que, com uma perspectiva totalizante, enfatiza o consumismo e o individualismo, produz a exclusão social e defende a ideia de que o mercado e o consumo são a solução da humanidade. As teologias de prosperidade propõem sub-repticiamente um ajuste dos valores da sociedade neoliberal de consumo, parecendo, assim, distanciar-se, segundo algumas análises teológicas, dos valores bíblico-teológicos fundamentais da fé cristã.

Em boa parte das experiências identificadas com essa proposta encontram-se mecanismos de autossalvação extraídos de tradições religiosas, mesmo que estas, em suas constituições teóricas e conteúdos, não apresentem base para isso. Há uma forte e peculiar combinação de valores filosóficos, religiosos e éticos que favorecem a crença na força do ser humano e em sua capacidade de evolução. No entanto, sabemos que a maturidade do ser humano se realiza quando ele, ao refutar as possibilidades de escape, olha para sua existência como um todo a partir de suas situações-limite. Trata-se do reconhecimento de sua insegurança, que não pode ser revertida, seja por uma submersão completa nas atividades e processos vitais (ativismos), por exercício de atividades intelectuais ou espirituais (idealismos), seja por diferentes aspectos externos da religião (sacramentalismos, misticismos, ascetismos, ortodoxismos e esforços de piedade), porque estariam desconectados da essência da fé cristã.

Tillich refletiu sobre a mística especialmente por seu interesse sobre a Idade Média. Ele se distanciava dos teólogos liberais e neo-ortodoxos pela rejeição deles à mística cristã. Compreendia que, sem a dimensão mística, a experiência religiosa seria um mero conjunto de doutrinas (racionalismo) ou de princípios morais (moralismo). É importante destacar que justamente dessa forma constituem-se majoritariamente as Igrejas no Brasil, mesmo os grupos de orientação pastoral "progressista", ou seja, os que possuem a perspectiva de engajamento social e político dos cristãos. Daí a relevância da dimensão mística para os atuais desafios pastorais.

Por outro lado, as constantes "espiritualizações" da realidade, presentes nas experiências religiosas, requerem melhor elucidação da dimensão concreta da mística cristã. Tem sido estudado que o processo de secularização vivido em meio à Modernidade não produziu, como se esperava, o desaparecimento ou a atenuação das experiências religiosas. Ao contrário, no campo cristão as formas pentecostais e carismáticas ganharam apego popular, espaço social e base institucional, tanto no mundo protestante como no católico. Todavia, essas podem estar travestidas como religiosas, mas ser formas meramente culturais ao perderem o núcleo central da fé para ganhar formas culturais mais acessíveis de comunicação e de mercado.

Nesse sentido, a reflexão teológica sobre a mística cristã ganha urgência e relevância. Ela pode realçar o núcleo central da fé cristã e evitar, assim, que a religião se reduza a meras formas culturais. Isso faz com que a temática da salvação seja obrigatoriamente ressaltada.

O pressuposto bíblico da concepção de salvação com o qual trabalhamos é que o ser humano é justificado. A justificação introduz um "apesar de" no processo de salvação. Apesar das ambiguidades e das limitações, o ser humano é aceito por Deus (graça) e este também aceita essa situação (fé), na medida em que se abre para Deus. Tal abertura se baseia no reconhecimento de seu caráter de alienação e de pecado que o faz deixar de olhar a si mesmo em sua condição autodestrutiva, para valorizar o ato salvífico e justificador de Deus. Trata-se da afirmação neotestamentária de que "não há distinção, pois todos pecaram e carecem da graça de Deus, sendo justificados gratuitamente, por sua graça, mediante a redenção que há em Cristo Jesus" (cf. Rm 3,23-24).

O reconhecimento do pecado faz com que o ser humano vislumbre a graça de Deus. Isso elimina a possibilidade, conforme indicou Juan Luis Segundo, de que o receio humano ao pecado transforme-se em angústia, falta de fé e falsa religiosidade. A ação criadora do ser humano é dom de Deus e objetivo da criação, mas "é sempre uma mistura do amor com egoísmo e o pecado". Nesse sentido, a impossibilidade de autossalvação do ser humano não se converte em inércia ou despreocupação social. Diz-nos o referido autor que,

> pelo contrário, se esquecemos nossa responsabilidade de criar um mundo que foi entregue (parcialmente) em nossas mãos "artesanais" e preferimos esquecer nossa responsabilidade criadora para contabilizar nossos méritos diante de Deus, por mais que cumpramos todos os preceitos de todos os decálogos, estaremos pecando. Porque não fomos criados para isso. E se, apesar de tudo, a isso pretendêramos chegar, estaríamos – como também disse Paulo – falhando para com a intenção criadora de Deus a nosso respeito, estaríamos deixando sua criação condenada à inutilidade (SEGUNDO, 1995, p. 528-529).

Essa participação na graça (regeneração) e aceitação do amor de Deus pela fé (justificação) gera um novo estado de ser, uma transformação (santificação). Assim se caracteriza o caráter tríplice da salvação. O aspecto da salvação como transformação adquire substancial relevância se forem considerados o contexto latino-americano opressivo de exclusão social e de sofrimento e as intuições presentes em todo o processo de elaboração da *teologia latino-americana*. O ser humano não está simplesmente determinado pela bondade essencial ou pela alienação existencial, ele se encontra determinado pelas ambiguidades da vida e da história. Analisar e compreender esse quadro complexo da existência humana, assim como extrair todas as consequências dele, permite que as reflexões presentes deixem de ser abstratas.

## *A impossibilidade de autossalvação do ser humano*

A teologia apresenta, contudo, outro aspecto, ao lado da reflexão sobre a mística cristã. Tillich, ao mesmo tempo, ressaltou o caráter profético, que era a contraposição criativa e dialética ao seu lado místico. Jamais poderia admitir a pretensão humana de chegar à realidade divina por meio de exercícios ascéticos. Ele condenava a mística quando esta era considerada como recurso humano para autossalvação. Contra essa postura ele ressaltava o princípio reformado da *sola gratia* e afirmava que somente ela, e mérito algum ou dignidade humana, poderia superar a alienação entre o ser humano e Deus. Assim, destacamos as limitações das iniciativas e das realizações humanas. O princípio protestante não admite identificação da graça com qualquer realidade visível, nem mesmo religiosa.

Essa compreensão ofereceu bases para a perspectiva histórica e política de Tillich. Dessa visão surgiu toda a sua crítica ao Protestantismo, em especial às distorções da fé, quando concebida como conhecimento (intelectualismo), ato (moralismo) ou sentimento (emocionalismo). Contra tais distorções foi aplicado o conceito do princípio protestante. Portanto, para se pensar a esfera pastoral hoje nessa perspectiva, as formas de intelectualismos, de moralismos e de sentimentalismos, entendidas aqui como compreensões equivocadas da fé – e não como expressões racionais, éticas e subjetivas que, ao contrário, fortalecem a fé –, precisam ser revistas e subtraídas da pauta pastoral que norteia as Igrejas.

É necessário distinguir o misticismo abstrato, presente por vezes em diferentes propostas religiosas (dentro e fora do Cristianismo), da mística concreta da fé cristã que valoriza a humanidade, sendo que isso não se dá somente no Cristianismo. É fundamental que reflitamos sobre as formas de autossalvação e o fracasso delas; analisar as formas legalistas, ascéticas, místicas, sacramentais, doutrinais e emocionais de autossalvação. Em relação à questão mística, Tillich afirma que,

> se os teólogos prestassem mais atenção aos limites reconhecidos pelos próprios místicos, deveriam fazer uma valoração mais positiva desta grande tradição. Então se entenderia que existe algo que se pode chamar de "misticismo batizado", no qual a experiência mística depende da aparição da nova realidade e não tenta produzi-la. Essa forma de misticismo é concreta, em contraste com o misticismo abstrato dos sistemas místicos clássicos. Ele segue a experiência do estar "em Cristo" de Paulo, a saber, no poder espiritual que é o Cristo. Em princípio, esse misticismo está além da atitude de autossalvação, embora não esteja protegido contra o perigo atual; pois é uma tentação em todas as formas religiosas, e a recaída ocorre também no próprio Cristianismo (TILLICH, 1984, p. 309).

Essa referência à prática e ao movimento de Jesus é uma luz essencial para iluminar os olhares sobre o crescimento religioso que se vive na atualidade e discerni-lo pastoral e teologicamente.

No mesmo texto, Tillich destaca um aspecto intimamente relacionado com o contexto das experiências religiosas que temos enfocado aqui. Trata-se das formas emocionais de autossalvação.

> A tentação de autossalvação está presente no pietismo e no revivalismo em todas as suas formas, pois eles provocam o desejo de emoções que não são genuínas, mas sim criadas artificialmente. Isso acontece através de evangelistas e de atos artificialmente provocados de direcionar nossas próprias possibilidades emocionais rumo às experiências de conversão e santificação. Nessa situação elementos de autossalvação são trazidos para dentro do campo dos atos divinos da salvação dos quais se deseja apropriar (TILLICH, 1984, p. 310).

A crítica profética que está na base do princípio protestante segue a tensão bíblica entre a Lei e o Evangelho. A descrição da situação humana – momento primeiro na metodologia teológica – é realizada pelo jugo da Lei sobre o ser humano. A resposta a esse jugo vem do Evangelho – segundo momento metodológico.

Essa correlação (filosofia-teologia) construída por Tillich segue, portanto, a orientação de Lutero, na distinção entre Lei e Evangelho. Ela é elemento teológico fundamental para os dias de hoje, uma vez que a situação humana, em especial pelos resultados concretos da implementação das políticas neoliberais no Brasil e no mundo, degrada-se num ritmo assustador. Avolumam-se suicídios de aposentados, distúrbios nervosos de mulheres pai/mãe de famílias, crise de adolescentes etc. É a existência humana em xeque. O mesmo se dá com a sustentabilidade da vida no planeta. Essa lei não pode ser ocultada, nem mesmo por formas religiosas (prosperidade, queima de maldições, confissão positiva, amarrações, missas e cultos de libertação).

A boa-nova do Evangelho, como graça de Deus, possibilita olhar o mundo cruel com outros olhos. Trata-se da descoberta a partir da vivência comunitária da fé de formas de espiritualidade mais vivas, dinâmicas e humanizadoras. Nas palavras do Novo Testamento: "[...] e não vos conformeis com este século, mas transformai-vos pela renovação da vossa mente, para que experimenteis qual seja a boa, agradável e perfeita vontade de Deus" (cf. Rm 12,2).

## Últimas considerações

Foi destacada nessas linhas a ênfase na proclamação da situação-limite do ser humano, como forma de relativizar as iniciativas humanas e os projetos históricos e de possibilitar processos autênticos de humanização. Consideramos que se trata de uma fonte profunda e saudável de espiritualidade. É uma contribuição no campo da antropologia teológica que se dá, ao menos, a partir de três relações encontradas na produção teológica de Tillich: a da teologia com a religião, a da teologia com a vida humana em geral e a da teologia com o poder criativo e formador de novas realidades. As reflexões sobre a relação entre teologia e religião, como visto, revelaram a necessidade de uma reserva religiosa capaz de relativizar e discernir todas as iniciativas humanas. Nesse sentido, constitui-se elemento de valor para o combate à idolatria, tão presente em muitas das formas religiosas atuais.

A relação entre teologia e vida humana abre possibilidades ao ser humano tanto de perceber a realidade, com todos os aspectos de fragmentariedade e de fragilidade dela, como de superá-la, a partir da abertura ao Incondicional.

A terceira relação redimensiona as compreensões da graça e da fé, ao considerar que estas possuem poder crítico em relação às formas possíveis de ação humana, mas, ao mesmo tempo, são geradoras de novas formas de ação. Tais formas requerem esforços pastorais concretos, cuja identificação deve ser feita com diferentes grupos eclesiais, cada qual em seu contexto e desafios específicos.

Também ressaltamos o caráter fragmentário e ambíguo das formas religiosas e da história de um modo geral. Ao mesmo tempo, indicamos a graça e a fé como dimensões fundamentais da vida religiosa de forte potencial anti-idolátrico e a perspectiva utópica da religião ao interagir criativamente o passado, o presente e o futuro. Nesse sentido, a crítica profética não pode ser considerada como um elemento imobilizador, mas, ao contrário, como motivador de novas formas de ação e de vivência humana e de cultivo da espiritualidade. Para isso, como visto, é necessário identificar, assumir e enfrentar as situações-limite do ser humano. Com tal atitude surge a esperança, e com ela novas realidades, fruto da graça e da fé, são geradas.

Um segundo aspecto é o da salvação humana. Ao mesmo tempo que se afirma a impossibilidade de autossalvação do ser humano, destaca-se, de forma positiva, propositiva e concreta, a mística como canal de comunhão do ser humano com o Incondicional.

Tais perspectivas teológicas, a nosso ver, são fundamentais para a elaboração de um projeto teológico-pastoral que considere a realidade social e eclesial latino-americana. Esperamos que as perspectivas teológicas apresentadas indiquem, sobretudo, uma antropologia mais integrada e, com isso, uma teologia de caráter dialético mais acentuado, o que em muito contribuiria para um aprofundamento teórico da teologia e uma indicação prática mais substancial para a espiritualidade nos dias de hoje. Do ponto de vista prático-pastoral, a dimensão comunitária da fé e da vida humana em geral, como indicado no texto, não pode ser opcional. Ela é uma exigência do Evangelho. Os processos de humanização pressupõem a alteridade, a vida em comunhão, a liberdade e autenticidade. Daí surgirão amadurecimentos pessoais e coletivos, fruto das possibilidades de interação humana e de novas formas de eclesialidade.

## Referências bibliográficas

SEGUNDO, Juan Luis. *Que mundo? Que homem? Que Deus? Aproximações entre ciência, filosofia e teologia.* São Paulo: Paulinas, 1995.

TILLICH, Paul. *A era protestante.* São Paulo: IEPG, 1992.

____. *Teologia Sistemática.* São Paulo: Paulinas; São Leopoldo: Sinodal, 1984.

# 4

# O encontro das religiões: uma espiritualidade que brota da aprendizagem com o outro

"Buscai primeiro o Reino de Deus e a sua Justiça
e todas estas coisas vos serão acrescentadas."
(cf. Mt 6,33)

"Vamos precisar de todo mundo
pra banir do mundo a opressão.
Para construir a vida nova
vamos precisar de muito amor.
A felicidade mora ao lado
e quem não é tolo pode ver.
A paz na Terra, amor.
O pé na terra.
A paz na Terra, amor.
O sal da Terra."
(Beto Guedes, *O sal da Terra*)

A diversificação do quadro religioso e o crescente anseio pelos diálogos inter-religiosos são um indicativo da necessidade de se forjarem novos paradigmas de espiritualidade e de reflexão teológica. Esse panorama tem implementado novas perspectivas teológicas, mas, igualmente, ainda possui no horizonte a maior parte de suas questões. Estas também necessitam ser formuladas de maneira mais adequada e debatidas. Nesse sentido, há duas indicações: a primeira refere-se à importância, no contexto brasileiro, do diálogo inter-religioso como busca de inculturação da fé cristã; e a segunda trata da definição sobre a pertinência [a meu ver, impertinência!] do que se tem denominado macroecumenismo, uma vez que isso pode representar uma adjetivação empobrecedora da prática ecumênica.

A perspectiva ecumênica é algo fundamental para todo e qualquer esforço teológico-pastoral. Essa visão, quando vivenciada existencialmente e/ou assumida como elemento básico entre os objetivos, altera profundamente o desenvolvimento de qualquer projeto, iniciativa ou movimento. Em todos os campos da teologia, o dado ecumênico suscita novas e desafiantes questões.

No campo pastoral, à medida que as pessoas e os grupos, nas bases, nas atividades e em encontros, contam com a participação de irmãos e irmãs de outras confissões ou religiões, vão mergulhando cada vez mais no universo plural que a sociedade hoje representa. E mais do que isso: aprendem a fugir das respostas rápidas e unívocas e descobrem a existência de formas diferentes de compreender o mundo, a vida e a missão – igualmente válidas.

A presença do outro é a dimensão interpeladora da prática ecumênica. Tal presença é desafiadora em diferentes aspectos. O primeiro ponto é a pluralidade. Embora cultuada, é possível assumir as dificuldades que encontramos todos os que temos a perspectiva teórica do marxismo ou temos atuado com os referenciais da esquerda política. Os reducionismos teóricos e metodológicos de expressiva parcela de agentes de pastoral e de teólogos(as) têm sido, muitas vezes, um exemplo de estar pouco à vontade nesse ponto. As pessoas que somam em sua trajetória uma experiência ecumênica regra geral acrescentam aos eventos ou projetos uma sensibilidade distinta de abertura, afetividade e criatividade. Também o aprofundar da vivência ecumênica exige um reordenamento de sentidos e de sensibilidade aos fatos. Trata-se de possuir, como as mulheres, outra forma de ver o mundo, a Igreja e Deus.

Outro significado teológico da vivência ecumênica é a referência utópica. A presença em conjunto de pessoas e de grupos com diferentes experiências religiosas aponta para o futuro e, necessariamente, precisa estar deslocada do real. Quando comunidades populares, ainda que de forma incipiente, começam a se unir em torno de uma proposta transformadora e comum, isso se torna uma ação política e profética. A unidade é, portanto, uma tarefa evangélica.

É preciso, pois, abrir caminhos, dar sinais proféticos de unidade, ainda que pequenos, superando posturas já cristalizadas perante o ecumenismo, como aquela caracterizada por um otimismo festivo que considera a prática ecumênica em estágio avançado e pouco está atenta às limitações e diferenças dos diversos grupos. Ou como outro comportamento, marcado por um pessimismo exigente que não leva em conta os avanços do ecumenismo e não valoriza as pequenas iniciativas e possibilidades. A alternativa que se busca visa a enxergar a unidade ecumênica numa dimensão histórica: valorizando seu desenvolvimento, limitações e possibilidades.

As pessoas que atuam ecumenicamente, especialmente no campo popular, na grande maioria vivem sua fé por vezes de maneira inédita e fora dos padrões eclesiásticos ou religiosos próprios. Na verdade, muitos pagam elevado ônus pela radicalidade ecumênica e por seus compromissos políticos, nem sempre bem acolhidos pelas ferrugens da dimensão eclesiástica. Alguns são cristãos em diáspora, outros proscritos, todos buscando o novo como expressão do seguimento de Jesus.

Outro aspecto é a fragmentação das experiências. Não há, ainda, elementos de articulação das iniciativas ecumênicas. No Brasil, elas têm sido vividas por todos os cantos, todavia, de forma diversa, modesta, por vezes embrionária, outras vezes com dimensão política mais acentuada. Algumas experiências conseguem continuidade, outras se fragilizam com a mudança do líder religioso; umas têm caráter mais eclesial e gratuito, muitas estão em torno de grupos para estudo da Bíblia. Em alguns lugares, têm-se implementado projetos comuns de formação pastoral e em outros, projetos econômicos.

Dois aspectos dessa diversidade e fragmentação da vivência ecumênica precisam ser ressaltados. Em primeiro lugar, aqueles que questionam a autenticidade do ecumenismo nas bases, por estar, muitas vezes, calcado somente na figura do(a) líder ou num pequeno grupo de leigos, devem perceber que isso pode ser extremamente significativo devido ao caminhar histórico das Igrejas e das religiões em geral. Em segundo lugar, é necessário olhar de forma especial e atenta para poder visualizar as vivências ou potencialidades ecumênicas nos diferentes espaços de atuação.

Está indicada, portanto, a tarefa de motivar o novo olhar, com a sensibilidade necessária para esse empreendimento teológico e profético. A fé, o mundo e a missão que articula essas duas realidades precisam estar mergulhados nessa perspectiva plural e ecumênica. Como se sabe, toda renovação é árdua e dolorosa, o que significa que, se a primavera voltar após o "inverno", será de flores e espinhos.

Os setores acadêmicos têm sido cada vez mais desafiados pelos temas relativos à religião, especialmente pelas tensões entre a racionalidade moderna e a emergência das subjetividades que marcaram o desenvolvimento do pensamento no final do século XX em diferentes continentes. No campo da teologia e das ciências da religião, um olhar mais detido tem sido crescente no tocante aos desafios que as aproximações entre distintas experiências religiosas têm produzido.

Não obstante o fortalecimento institucional e popular de propostas religiosas com acentos mais sectários e verticalistas, em geral conflitivas e de caráter fundamentalista, o campo religioso tem experimentado também formas ecumênicas de diálogo entre grupos religiosos distintos. Diante desse quadro surgem diferentes indagações: como tal realidade, especialmente com as suas contradições, incide no quadro social e político? Como elas interferem mais especificamente no fortalecimento de uma cultura democrática e de práticas afins? Qual o papel de uma espiritualidade ecumênica em um projeto de paz e de aprofundamento da democracia para as futuras gerações?

Essas e outras perguntas similares não encontram respostas razoavelmente seguras. Há um longo e denso caminho de reflexão em direção ao amadurecimento delas. Os limites de nossa reflexão no momento não possibilitam equacioná-las. Todavia, alguns passos precisam ser dados. Neste momento nos propomos apenas apresentar uma modesta síntese de alguns aspectos da espiritualidade decorrente de uma teologia ecumênica das religiões. Eles, a nosso ver, poderiam suscitar novos referenciais teóricos para se pensar futuramente as relações, complexas certamente, entre religião e sociedade. Indicaremos como base cinco aspectos que julgamos relevantes para uma espiritualidade de matiz ecumênica que responda, pelo menos em parte, aos desafios de uma teologia das religiões para os nossos dias. Eles são interdependentes e revelam aspectos de um mesmo prisma.

O primeiro deles articula o pluralismo religioso, a capacidade de diálogo e os desafios em torno da defesa dos direitos humanos, com a pressuposição de que a espiritualidade ecumênica requer visão dialógica e profunda sensibilidade para a valorização da vida e a promoção da paz. O segundo destaca o valor da mística e da alteridade para os processos religiosos e sociais, dentro do quadro de recrudescimento nas perspectivas utópicas e doadoras de sentido e de intensificação de propostas religiosas fortemente individualistas e geradoras de violência. O terceiro aspecto enfatiza o diálogo ecumênico como afirmação da vida, baseado na tradição da prática de diálogos entre as religiões, onde há implicações concretas no campo da solidariedade, nas experiências de comunhão e de conhecimento mútuo, nos processos de humanização e de busca da paz e da justiça. O quarto aspecto trata da importância do Reino de Deus na reflexão teológica, em especial a perspectiva latino-americana, na qual a centralidade dessa categoria teológica tornou-se referência de vivências religiosas, eclesiais e políticas. Por fim, uma reflexão sobre as implicações para o método teológico a partir da realidade das culturas religiosas afro-indígenas.

Metodologicamente, recorremos às indicações de destacados autores cujas características comuns têm sido a articulação entre reflexão teórica e prática concreta de diálogo inter-religioso e uma preocupação pela espiritualidade como fonte dos processos ecumênicos. São eles: Michael Amaladoss, Maria Clara Bingemer, Faustino Teixeira, José María Vigil e Marcelo Barros.

## Religiões, diálogo e direitos humanos

A espiritualidade ecumênica, como sabemos, requer capacidade de diálogo e profunda sensibilidade para a afirmação da vida e a promoção da paz. Para refletirmos nessa direção, destacamos a contribuição teológica de Michael Amaladoss. Esse autor tem-se destacado pelo interesse nas reflexões acerca da espiritualidade ecumênica e no diálogo do Evangelho com as culturas e demais religiões. Em relação ao último tema, o autor apresenta suas principais preocupações e postulados em *Missão e inculturação* (2000). Para ele, a missão consiste em anunciar o Evangelho que se fez carne em determinada cultura. Mas nem o Evangelho nem as culturas existem por si mesmos. Esses dois polos interagem e, com isso, o Evangelho confere à missão um aspecto profético, compreendido como Reino de Deus, que, por sua vez, requer transformação crescente da sociedade e das culturas nela inseridas. A dimensão profética, que Amaladoss traduz como "luta contra Mamon", ainda que assuma inicialmente os aspectos econômicos e políticos, deve ser orientada para uma transformação cultural. Para o autor, do ponto de vista da fé cristã, um caminho alternativo

> deverá ter, entre outras, três características: apoio à vida, experiência de vida em comunidade e consciência da transcendência. Para dar corpo a essas perspectivas, temos necessidade de comunidades contraculturais que às vezes serão "modelos de" e "modelos para" as comunidades do Reino de Deus. Elas não devem ser institucionais, nem liminares. No mundo de hoje, essas comunidades serão inter-religiosas, formadas por pessoas de diferentes credos e ideologias, mas unidas na mesma luta contra Mamon (AMALADOSS, 2000, p. 150).

No aprofundamento da questão cristológica, Amaladoss enfatiza algo óbvio, mas que nem sempre está presente nas compreensões religiosas e teológicas do mundo cristão: "Jesus nasceu, viveu, pregou e morreu na Ásia. Contudo, é visto com frequência como um ocidental". Em *Jesus, o profeta do Oriente: imagem e representação do messias na tradição cristã, hindu e budista* (2009), o autor seleciona imagens de Jesus – o sábio, o caminho, o guru, o avatar, o satyagrahi, o servidor, o compassivo, o dançarino e o peregrino – e mostra o significado delas na tradição religiosa e cultural oriental. Isso deveria levar as pessoas e grupos a conhecerem melhor Jesus e, quando se perguntassem como ele é o salvador, a resposta não seria "uma explicação metafísica da tecnologia da salvação, embora ela possa ser relevante em certas circunstâncias", mas "como sua graça salvadora é capaz de transformar nossa vida e nos qualificar para enfrentar desafios" (AMALADOSS, 2009, p. 187).

Amaladoss considera que a religião e a espiritualidade se destinam à vida; ou seja, elas representam a ajuda para que pessoas e comunidades vivam de forma melhor a realidade atual. São esses aspectos que o autor apresenta em *O cosmo dançante: um caminho para a harmonia* (2007), a partir de um elenco de situações da vida – como o sentido dela, a liberdade, o mal, a interioridade e a consciência, a criatividade humana e outros – que são vistas dentro de diferentes tradições religiosas, justamente para indicar "um caminho" dialógico que valorize o presente, mas que revele possibilidades para o futuro, especialmente de harmonia e de paz para o universo, de reconciliação nos conflitos e de construção de relações de amor mútuo e de serviço uns aos outros.

Em *Pela estrada da vida: prática do diálogo inter-religioso* (1995), Michael Amaladoss nos mostra que, ao mesmo tempo que a religião torna-se causa de divisão e conflito entre povos de todas as partes do mundo, ela também abre os seus caminhos para o diálogo e a promoção da paz. O autor entende que esse diálogo é uma incumbência das religiões e que ele precisa ir além da partilha de opiniões e experiências e chegar ao desafio mútuo e à cooperação conjunta tendo em vista a construção de uma nova humanidade.

Amaladoss examina os problemas do pluralismo religioso, especialmente no tocante aos símbolos, rituais de cura e automanifestação divina revelada. No caso dos símbolos, eles são vistos como mediadores das experiências religiosas e podem ser canais frutíferos de comunicação entre as religiões se vistos como possibilidade de compreensão da experiência do outro. Para isso, precisam ser experimentados por dentro.

> Tal cruzamento de fronteiras não nos destrói a identidade, mas aprofunda-a porque os símbolos do outro não têm a mesma significação fundadora que os nossos. Eis por que o diálogo inter-religioso, em especial quando atrelado a uma ação comum em prol da justiça, inevitavelmente levanta a questão do compartilhamento do culto ou da ação simbólica (AMALADOSS, 1995, p. 42).

O autor também destaca a natureza social do ritual religioso e as implicações das práticas conjuntas de oração e de ação de membros de diferentes religiões. Mostra-nos, ainda, que o diálogo inter-religioso não precisa se restringir em nível de especialistas, mas pode igualmente ocorrer nas camadas populares. Nesse campo, não se pode menosprezar o valor e o significado das curas e dos milagres e como eles revelam fontes genuínas de espiritualidade, quase sempre provenientes de distintas tradições religiosas. O pensamento moderno não pode ser refém da lógica meramente racionalista e também não necessita abdicar-se dela. Mas, ao se abrir para o mistério na vida e ao perceber que o compromisso de fé em relação a Deus está integrado aos fatores psíquicos, físicos, sociais, culturais e religiosos, é possível perceber a presença de Deus para além de uma religião específica. Como exemplifica o autor,

> o processo de oração em comum deve conduzir não a uma equalização das experiências em termos matemáticos, mas a uma valorização mútua, que lhes confirme sua identidade na diferença. Um encontro assim na oração é talvez não apenas irênico, mas também mutuamente profético. Essa interação profética ocorre talvez, de modo especial, na leitura comum de cada Escritura e na reflexão sobre elas, porque em particular as Escrituras são narradoras da experiência do encontro divino-humano. O ato de se ler as Escrituras em comum é diferente de se ler as Escrituras das outras religiões como um elemento do próprio culto de cada um. Neste último caso, a outra Escritura é interpretada no contexto geral da tradição própria de cada um. Todavia, na leitura comum, cada fiel interpreta sua Escritura e o que temos é um desafio e uma inspiração mútuos, num contexto pluralista (AMALADOSS, 1995, p. 89).

Do ponto de vista pastoral, Amaladoss compreende que as religiões em geral e as Igrejas cristãs em particular são desafiadas ao protesto contra todas as formas de discriminação e ao incentivo à reconciliação e ao sentido de comunidade no mundo. Elas devem, igualmente, contribuir para consensos públicos e debates regionais e nacionais que podem formar a base de uma comunidade maior de liberdade, igualdade, fraternidade e justiça. É fato que o vínculo entre religiões e direitos humanos na atualidade é bastante ambíguo e complexo. As interfaces entre religião e cultura, por exemplo, não podem ser desprezadas nas análises. Não basta meramente condenar as formas fundamentalistas, pois elas possuem raízes mais vigorosas e na maioria das vezes com significado social profundo. No caso de movimentos fundamentalistas contemporâneos no Islã, por exemplo, muitos têm sido vistos como reação defensiva aos impactos da cultura ocidental, percebida como destruidora de valores sociais e religiosos. Algo similar pode se dizer sobre o conversionismo exacerbado de grupos cristãos, que gera uma identidade rígida, mas forma um sentimento de pertença em um mundo de despersonificação e anomia. Talvez uma comunicação mais dialógica entre as religiões pudesse contribuir para que todas identificassem as próprias limitações e se voltassem, assim, para a promoção dos valores humanos e para o bem-estar de todos.

## O valor da mística e da alteridade

A explosão mística e religiosa vivenciada no final do século XX e na primeira década do XXI em diferentes continentes e contextos socioculturais revela, entre outros aspectos, um esgarçamento da razão moderna como doadora de sentido para a humanidade. Ao mesmo tempo, a sempre referida falência dos projetos utópicos globais leva, a nosso ver, contingentes expressivos da população a buscar maneiras intimistas e privatizadas de expressão religiosa, o que inibe formas de vivência social e religiosa marcadas pela alteridade.

Para refletir sobre o valor da mística e da alteridade, dentro dos marcos de uma espiritualidade ecumênica, consideramos que as indicações teológicas de Maria Clara Lucchetti Bingemer são substanciais e relevantes. A autora, a partir do aspecto pneumatológico, já estruturara sua reflexão sobre o diálogo inter-religioso ao integrar um dos marcos deste tema no Brasil, que é a obra organizada por Faustino Teixeira, *Diálogo de pássaros: nos caminhos do diálogo inter-religioso* (1993). Nela, a autora indicou "A pneumatologia como possibilidade de diálogo e missão universais" (p. 111-121), ao destacar que salvação é um dom do Espírito para toda a criatura e que a presença do Espírito de Deus dentro dos seres humanos "altera e afeta suas mais profundas e essenciais categorias antropológicas constitutivas, subvertendo radicalmente os fundamentos do seu ser" (In: TEIXEIRA, 1993, p. 114).

Bingemer tem dedicado muitos esforços para a compreensão do fortalecimento das experiências religiosas naquilo que ela por diversas vezes chamou de "sedução do sagrado". Isso conferiu à autora o interesse pelos temas da alteridade e da mística – como em *Alteridade e vulnerabilidade: experiência de Deus e pluralismo religioso no moderno em crise* (São Paulo: Loyola, 1993) e *Em tudo amar e servir: mística trinitária e práxis cristã em*

*Santo Inácio de Loyola* (São Paulo: Loyola, 1990) –, pelo tema da existencialidade – como em *Simone Weil: a força e a fraqueza do amor* (Rio de Janeiro: Rocco, 2007) –, pela busca de interfaces mais plurais como religião e literatura – como em *A argila e o Espírito: ensaios sobre ética, mística e poética* (Rio de Janeiro: Garamond, 2004) –, e pelas relações entre religião, antropologia e política – como na obra que organizou, *Violência e religião: cristianismo, islamismo, judaísmo – Três religiões em confronto e diálogo* (São Paulo: Loyola/PUC-Rio, 2001). O último tema mereceu de Bingemer muita atenção. Em suas pesquisas, procurou evidenciar o nexo entre violência e religião, herdado de longas tradições culturais e religiosas e que ainda marca os tempos atuais. Não obstante, ficam indicados elementos dentro das próprias dinâmicas e conceituações religiosas que são geradores da paz. E daí, surgem diferentes desafios e possibilidades. O mais fecundo é o da "escuta"; saber ouvir o diferente. Trata-se da

> tentativa de nos submeter à verdade onde quer que ela se encontre, aceitando o pluralismo de perspectivas e de nomes, quaisquer que eles sejam e onde quer que pulse o coração da vida. Esta missão é "sair" da violência mimética e redutora da alteridade do outro e entrar numa dinâmica de paz polifacética e plural (BINGEMER, 2001, p. 288).

Em "Faces e interfaces da sacralidade em um mundo secularizado" (2002), Bingemer apresenta, a partir do ponto de vista da teologia cristã, um balanço da pluralidade religiosa vivida nas tensões tanto em relação ao processo de secularização como em relação à convivência conflitiva das diferentes religiões. O pressuposto das reflexões é que a vivência atual, bastante distinta das gerações passadas, é forjada no contexto de cruzamento e interação de ateísmo, descrença e indiferença religiosa, por um lado, e o fortalecimento de várias experiências religiosas, antigas e novas, por outro.

Uma das questões apresentadas pela autora é se a secularização é inimiga ou amiga da fé. Para respondê-la, Bingemer mostra como no próprio contexto da fé judaico-cristã já se encontra uma interface com uma visão "mundana do mundo" na qual a experiência religiosa não se impõe como compreensão unívoca, mas dirige-se a uma emancipação do ser humano em relação à religião. Isso se dá de variadas formas, como, por exemplo: o valor da dimensão humana e histórica no processo de encarnação; o plano das lutas pela justiça e pelos direitos, que, mesmo sendo sagradas, são travadas na secularidade; e a importância da criação, que, embora tenha uma interpretação religiosa, pois é de Deus, possui a sua realidade terrena, imanente. Trata-se, portanto, de uma interpretação positiva dos processos de secularização que veem a emancipação humana não como o "crepúsculo de Deus", mas como reforço ao que já está engendrado na revelação bíblica.

Na mesma direção, a autora pergunta se a emancipação humana significaria o crepúsculo de Deus. Isso lhe possibilita mostrar uma face negativa que o contexto de Modernidade e secularização produziu. Para Bingemer, esses contextos, "embora pretendam emancipar-se de toda e qualquer divindade imposta e/ou institucionalizada, criam os seus próprios deuses, diante dos quais é obrigatório curvar-se e a cujas leis se deve obedecer. Alguns desses novos deuses constituem verdadeiras idolatrias que interpelam profundamente a fé trinitária" (BINGEMER, 2002, p. 303). Residem aí a "vendabilidade" de todas as coisas, que é o deus mercado, o culto à personalidade, o progresso visto como primazia em relação ao humano, o utilitarismo nas relações humanas, e o poder e o prazer desprovidos de alteridade e de sentido. Dessa forma, tanto os processos modernos de emancipação humana como as experiências religiosas podem se encontrar na busca de caminhos ante a vulnerabilidade das pessoas e de grupos diante desses novos deuses e ídolos ou também ante a perplexidade que o novo e complexo quadro religioso apresenta.

> A adesão à fé é, sem dúvida, uma escolha livre. Mas essa escolha comanda toda experiência religiosa e toda teologia cristã autêntica. E a fé em Jesus Cristo não é fechada, mas aberta; não é mesquinha, mas possui dimensões cósmicas. A teologia das religiões da humanidade que a fé em Jesus Cristo funda estabelece, na escala do cosmo, uma maravilhosa convergência no mistério do Cristo, de tudo que Deus, em seu Espírito, realizou ou continua a realizar na história da humanidade (BINGEMER, 2002, p. 318-319).

Diante dessas e de outras questões, Bingemer indica os traços de uma sacralidade para os tempos difusos e confusos em que se vive hoje.

Interpelada por essas múltiplas interfaces, a experiência mística tal como o Cristianismo a entende, no fundo não é senão a experiência do amor e da caridade que revolve as profundezas da humanidade pela presença e pela sedução da alteridade. Quando a alteridade é a religião do outro, há uma interface a ser explorada e todo um caminho a ser feito em direção a uma comunhão que não suprima as diferenças, enriquecedoras e originais, mas que encontre, na sua inclusão, um "novo" no qual se pode experimentar coisas novas suscitadas e propiciadas pelo mesmo Deus (BINGEMER, 2002, p. 320).

A valorização da pluralidade religiosa, a recuperação do sentido espiritual da gratuidade, a crítica às formas de fixismo, o interesse e a inclinação para se repensarem categorias filosóficas e teológicas tradicionais, a interface com as ciências e com a espiritualidade, a abertura à sedução gratuita do sagrado como possibilidade amorosa e realizadora, o diálogo com tradições religiosas diferentes formam placas de um caminho "que necessita ser reinventado a cada passo".

## O diálogo ecumênico como afirmação da vida

Na tradição da prática de diálogos entre as religiões, como se sabe, há implicações expressas de partilha de vida, experiência de comunhão e conhecimento mútuo, dentro de um horizonte de humanização, de busca da paz e da justiça e de valorização e afirmação da vida, considerando as exigências concretas que tais dimensões possuem. Para refletir sobre tais implicações, recorremos ao teólogo Faustino Teixeira, uma vez que ele possui longa experiência de acompanhamento da experiência religiosa de diferentes grupos. No campo popular, vivencia desde vários anos a riqueza do itinerário espiritual das Comunidades Eclesiais de Base, conhecendo o cotidiano delas, assessorando eventos e produzindo um extenso e denso material histórico, sociológico e teológico a respeito delas.

O interesse pelas religiões, igualmente, não se restringe à dimensão da pesquisa, mas Faustino caminha por trilhas o mais diversas para descobrir os lampejos de espiritualidade presentes nas religiões e como elas se aproximam na prática do diálogo e da cooperação mútua.

Teixeira foi um dos pioneiros do debate sobre as questões inter-religiosas no Brasil. É referência para muitos grupos o texto que ele organizou ainda na primeira metade da década de 1990 apresentando e debatendo aspectos teóricos e práticos do diálogo ecumênico inter-religioso: *Diálogo de pássaros: nos caminhos de diálogo inter-religioso* (1993). Reconhecendo que a teologia das religiões se desenvolvera mais intensamente no exterior, o autor mostra à comunidade teológica brasileira autores como Claude Geffré, Jacques Dupuis e Michael Amaladoss, que, ao lado de brasileiros, traçam um perfil esclarecedor do tema e indicam a emergência de novos paradigmas teológicos diante do pluralismo religioso. Essa iniciativa foi movida, entre outros fatores, por significativas experiências ecumênicas da época, como o encontro de um número expressivo de pessoas de várias religiões na Conferência das Nações Unidas sobre Ecologia e Desenvolvimento, a ECO-92, realizada no Rio de Janeiro em 1992, e a Assembleia do Povo de Deus, que reuniu grupos ecumênicos, no mesmo ano, em Quito, Equador.

Como aprofundamento das reflexões, Faustino Teixeira reuniu didaticamente elementos explicativos do debate e suas principais correntes e autores em *Teologia das religiões: uma visão panorâmica* (1995). Poucos anos mais tarde, organizou outra obra, dentro de propósitos semelhantes aos da primeira, que busca o sentido mais amplo do encontro das religiões especialmente na defesa da vida e no cultivo da tolerância entre as religiões e culturas. Trata-se de *O diálogo inter-religioso como afirmação da vida* (1997).

Teixeira tem-se dedicado com especial zelo aos temas relativos à mística. Com eles vem a sinalização da importância da gratuidade, do desapego e da abertura ao outro. Os títulos de duas obras que organizou, sob um olhar multidisciplinar, expressam o fundamento místico que transporta as pessoas e comunidades "para esferas de beleza e humanidade que se contrapõem ao endurecimento e esvaziamento da cultura materialista e consumista": *No limiar do mistério: mística e religião* (2004) e *Nas teias da delicadeza: itinerários místicos* (2006). Faustino Teixeira é um divulgador entusiasta dessa sensibilidade especial pelo outro, em alteridade, oração e diálogo, encontrada em meio às mais diversas experiências religiosas.

No livro *Ecumenismo e diálogo inter-religioso: a arte do possível* (2008), Faustino Teixeira divide com Zwinglio Dias um conjunto de reflexões sobre a prática ecumênica. Dias aborda a trajetória do movimento ecumênico, especialmente o universo intracristão e os desafios que o ecumenismo traz para as Igrejas e para o conjunto da sociedade. A dimensão inter-religiosa coube a Faustino Teixeira, que apresenta os eixos filosóficos do diálogo inter-religioso e as formas dessa aproximação, entre outros aspectos.

Para Teixeira, como já referido, a prática de diálogo entre as religiões implica partilha de vida, experiência de comunhão e conhecimento mútuo. Tal diálogo se dá entre pessoas e grupos que estão enraizados e compromissados com a sua fé específica, mas que ao mesmo tempo são abertos ao aprendizado da diferença. Para a realização dessa aproximação ecumênica, ele indica cinco elementos norteadores: a consciência de humildade, a abertura ao valor da alteridade, a fidelidade à própria tradição, a busca comum da verdade e um espírito de compaixão.

Há várias formas de diálogo inter-religioso, mas independentemente delas a prática dialogal requer um espírito de abertura, hospitalidade e cuidado. Entre as maneiras de diálogo se destacam: a cooperação religiosa em favor da paz, os intercâmbios teológicos e a partilha da experiência religiosa, especialmente no âmbito da devocionalidade e da oração.

Os diversos eixos do diálogo inter-religioso são mais bem compreendidos e vivenciados quando banhados por uma *espiritualidade* peculiar, um trabalho interior de desapego e abertura. Como tão bem mostrou Leonardo Boff, é no seio da espiritualidade que "irrompem os grandes sonhos para cima e para frente, sonhos que podem inspirar práticas salvacionistas". A espiritualidade relaciona-se a tudo o que tem a ver com a experiência profunda do ser humano, com a "experiência integral da vida" (TEIXEIRA; DIAS, 2008, p. 207).

Teixeira sublinha algumas personalidades, dentro do contexto católico-romano francês, promotoras do encontro dialógico das religiões, o que chamou de "buscadores do diálogo". Entre elas estão: Henri Le Saux (1910-1973), monge beneditino que vivenciou forte aproximação com o Hinduísmo; Louis Massignon (1883-1962), que estabeleceu um profundo diálogo com o Islamismo; e Thomas Merton (1915-1968), místico, intelectual renomado, que dialogou com singular sensibilidade com diferentes religiões do Ocidente e do Oriente.

O texto apresenta, ainda, dois polos de reflexão, ambos por demais desafiadores. O primeiro trata do lugar do diálogo entre as religiões no processo de globalização, considerando tanto os efeitos positivos – como as facilidades de comunicação, uma nova consciência global e planetária e o pluralismo – quanto os negativos, como o aguçamento dos fundamentalismos nas várias religiões. Tal contradição reside especialmente na recusa do engajamento comunicativo, por um lado, e na abertura dialogal, por outro. A primeira opção reforça os tradicionalismos exacerbados em reação às novas sensibilidades e circunstâncias da comunicação dialógica e global, o que gera as mais distintas formas de fundamentalismos; a segunda, a do diálogo, se impõe como desafio criativo e significativo para o futuro do mundo.

O segundo polo diz respeito à espiritualidade e como ela se vincula intimamente à prática do diálogo inter-religioso. Para isso, se faz o recurso do que disse Raimon Panikkar:

> o encontro das religiões tem uma indispensável dimensão experiencial e mística. Sem uma certa experiência que transcende o reino mental, sem um certo elemento místico da própria vida, não se pode esperar superar o particularismo da própria religiosidade, e menos ainda ampliá-la e aprofundá-la, ao ser defrontado com uma experiência humana diferente (TEIXEIRA; DIAS, 2008, p. 209).

## A centralidade do Reino de Deus na reflexão teológica e na prática pastoral

Na tradição teológica e pastoral latino-americana, a centralidade da categoria teológica do Reino de Deus tornou-se ponto fundante das vivências espirituais de diferentes grupos eclesiais e políticos. Para destacar esse aspecto, recorremos ao teólogo José María Vigil. Espanhol de origem, naturalizado nicaraguense e residente no Panamá, o autor construiu o seu pensamento em profunda identidade com os desafios políticos e culturais da América Latina. Ele aprofundou aspectos importantes da teologia latino-americana da libertação, como o tema da espiritualidade, por exemplo, em especial com reflexões e práticas conjuntas com líderes de destaque, como Dom Pedro Casaldáliga.

A atuação na Associação Ecumênica de Teólogos e Teólogas do Terceiro Mundo (ASETT), especialmente a direção da comissão teológica, possibilitou a Vigil um aprofundamento e uma produção intensa como campo do que ele mesmo denomina teologia do pluralismo religioso. Nesse contexto, dirigiu com Marcelo Barros e Luiza Tomita a série "Pelos muitos caminhos de Deus", que apresenta em cinco volumes as reflexões teológicas latino-americanas sobre o tema das religiões.

Já no primeiro volume da referida série, cujo título é o mesmo, mas com o sugestivo subtítulo "Desafios do pluralismo religioso à teologia da libertação" (2003), Vigil trata do tema da espiritualidade e considera aquela que se forja no contexto do pluralismo religioso como uma experiência espiritual emergente e desafiadora.

No segundo volume, *Pluralismo e libertação: por uma teologia latino-americana pluralista a partir da fé cristã* (2005), aparecerão três significativas contribuições de Vigil. A primeira, chamada "Muitos pobres, muitas religiões – A opção pelos pobres: lugar privilegiado para o diálogo entre as religiões", enfatiza a vocação teológica latino-americana e a coloca em diálogo com o tema das religiões a partir de três criativas proposições: a) os pobres precisam do diálogo das religiões, b) as religiões precisam dos pobres para dialogar, c) a opção pelos pobres é o aporte principal das religiões abraâmicas ao diálogo inter-religioso. A segunda contribuição é "Macroecumenismo: teologia latino-americana das religiões", na qual o autor analisa as possibilidades e os limites do termo macroecumenismo, bastante usado em círculos pastorais na década de 1990. A terceira é "Cristologia da libertação e pluralismo religioso", quando dialoga com a concepção de Jesus como metáfora (John Hick) ou símbolo (Roger Haight) de Deus e extrai as implicações político-pastorais dessa revisão cristológica.

Em *Teologia latino-americana pluralista da libertação* (2006), que é o terceiro volume da série, Vigil retoma o tema "Por uma espiritualidade pluralista da libertação", dessa vez destacando que as experiências religiosas precisam ter uma consideração mais humilde de si mesmas, que deve haver uma desabsolutização do cristocentrismo e que o paradigma pluralista faz parte da identidade cristã e não a contradiz como alguns afirmam.

No quarto volume, *Teologia pluralista libertadora intercontinental* (2008), Vigil aprofunda o tema "Identidade cristã e teologia do pluralismo religioso". Ali, ele afirma que a identidade é sempre dinâmica e que a fixação oficial da identidade de uma religião é sempre também um ato político de vontade. Isso gera tensões nas interpretações distintas da identidade cristã. Vigil nos lembra que "a identidade cristã oficial é uma criação humana, é um ato de vontade, é uma decisão institucional; se a oficialidade eclesiástica não compreende a transformação e o desafio que o pluralismo religioso e sua teologia representam, o conflito é inevitável" (ASETT, 2008, p. 147).

Em *Teologia do pluralismo religioso: para uma releitura pluralista do cristianismo* (2006), José Maria Vigil apresenta um roteiro marcadamente didático de uma teologia das religiões com enfoque latino-americano, a começar pela disposição dos conteúdos, que segue a clássica metodologia do *ver-julgar-agir*. Vigil apresenta também propostas para estudo em grupo, farta indicação bibliográfica e reflexões concernentes ao pluralismo típico do contexto latino-americano marcado pelas expressões religiosas indígenas e negras.

A constatação do autor é que o que está produzindo essa nova consciência ecumênica que surgiu e está se difundindo inesperadamente pela humanidade é uma nova experiência espiritual. Na visão do autor,

> as grandes correntes teológicas, os grandes movimentos ou transformações culturais, não se produzem normalmente em resposta a uma ideia de gênio; antes, obedecem às novas vivências espirituais nas quais a humanidade – ou algum segmento significativo dela – percebe-se envolvida. O Espírito move esses fenômenos alentando-os, conduzindo-os, impulsionando-os. E os espíritos mais despertos da humanidade captam os sinais dessa ventania e desdobram suas velas, deixando-se levar por ela.
> Estamos vivendo essa nova experiência espiritual. Há um Espírito novo rondando-nos, desafiando-nos, quase que a cada dia, numa multiplicidade de gestos, de reflexões, de novas práticas. Estamos passando por um momento de transformação. Especificamente no contexto cristão

estamos na passagem do cristocentrismo ao pluralismo. Há medo, resistência – e ao mesmo tempo atração, clareza, até uma evidência, impondo-se lenta e irresistivelmente. É um *kairós*, um ponto de inflexão importante que introduzirá mudanças muito profundas: uma nova época na sucessão de dezenove séculos de exclusivismo eclesiocêntrico e mais um (apenas!) de cristocentrismo (VIGIL, 2006, p. 376).

Para interpretar o quadro de pluralidade de religiões e formular uma concepção pluralista, Vigil, em intenso diálogo com John Hick e Andrés Torres Queiruga, apresenta aspectos da teologia cristã favoráveis a uma teologia pluralista das religiões. Um deles é a visão jesuânica que destaca as dimensões teorreinocêntrica e teopráxica. Elas relativizam a prática cúltica, uma vez que a práxis do amor e da justiça, para Jesus, está acima até mesmo do culto e das práticas religiosas e relativizam também a perspectiva eclesiocêntrica. Para o autor, "Jesus não somente não foi eclesiocêntrico, como tampouco foi eclesiástico; nunca pensou em fundar uma Igreja, e até se pode dizer que, de algum modo, sua mensagem central implicava a superação daquilo que é uma religião ou Igreja institucional" (VIGIL, 2006, p. 139). Para Jesus, o mais importante, o "último" em sentido teológico, é o Reino de Deus, entendido como vontade divina revelada em interação amorosa e salvadora com as pessoas; não um deus "em si". Não se trata de um conceito, mas sim de uma vivência, de um reconhecimento e de opção fundamental do caminho a se seguir na vida. O diálogo ecumênico é visto como parte integrante do Reino de Deus.

Outro aspecto é de caráter mais filosófico, embora expresso de forma simples, e está relacionado ao que consagramos chamar de "regra de ouro": "Não faça aos outros aquilo que não deseja que outros lhe façam". Trata-se do elemento ético nas religiões e que se encontra presente nos textos sagrados das mais destacadas religiões, como o Judaísmo, o Cristianismo, o Islamismo, o Budismo, o Confucionismo, o Hinduísmo, o Jainismo, o Zoroastrismo. O mesmo ocorre no pensamento filosófico, como expresso, por exemplo, no "imperativo categórico" de Kant, o que mostra ser a "regra de ouro" algo universalmente percebido e que, por sua vez, reforça o caráter de elemento central de revelação divina. Diante disso, o autor indaga: "Se existe esse consenso humano, simultaneamente filosófico e religioso, tão universal, cabe perguntar: não seria possível e conveniente fazer dessa regra de ouro o fundamento certeiro do diálogo inter-religioso?" (VIGIL, 2006, p. 235).

Nas perspectivas práticas apresentadas pelo autor destacam-se, ao menos, três aspectos. O primeiro é a revisão das práticas históricas e dos fundamentos teológicos da ação missionária, o que o autor denominou "morte e ressurreição da missão", tendo em vista ações não verticalistas, dialógicas, inculturadas e "inrreligionadas", e tendo o Reino de Deus como alvo e parâmetro. O segundo aspecto é o papel das religiões na busca de uma ética mundial em prol da justiça, favorecido e ao mesmo tempo desafiado pelos processos de mundialização. O terceiro é o cultivo de uma espiritualidade de cunho libertador, aberta à complementaridade, cujo critério hermenêutico é a libertação dos pobres.

## Mudança de lugar teológico a partir da realidade das culturas religiosas afro-indígenas

A relação entre fé e cultura – ou, para ser mais preciso, entre fés e culturas (no plural) – marca os principais debates no cenário teológico, não obstante as diferenças de épocas e de contextos. Trata-se de algo extremamente complexo e desafiador. No caso brasileiro e latino-americano em geral, são diversas as arestas que estão presentes no quadro das relações entre fé e cultura, especialmente pela simbiose das culturas africanas, indígenas e as formas de cristianismos que se tornaram hegemônicas no continente.

Para refletir sobre algumas questões que interpelam o método teológico suscitadas pela realidade das culturas afro-indígenas, recorreremos à contribuição de Marcelo Barros. Ele desenvolveu a sua vocação em uma diversidade de experiências que oferecem à sua obra uma legitimidade singular. Seja na convivência ecumênica com os irmãos na comunidade de Taizé; seja no trabalho efetuado na companhia de Dom Helder Câmara; seja nos serviços a comunidades populares, católicas e protestantes tradicionais e pentecostais; seja no acompanhamento a movimentos sociais e políticos no Brasil e em outros países latino-americanos; seja pela vida comunitária consagrada à oração, ao estudo, à acolhida e ao diálogo com pessoas e grupos de outras

Igrejas, religiões e culturas, o teólogo procurou e procura unir essa vocação pela unidade com a opção pela libertação e pela justiça.

Em sua reflexão ecumênica sobre espiritualidade e diálogo inter-religioso se destacam as seguintes obras: *O sonho da paz: a unidade nas diferenças – Ecumenismo religioso e o diálogo entre os povos* (1996), em que trata do ecumenismo como experiência concreta de homens e mulheres, de comunidades eclesiais e movimentos populares, no seu cotidiano de festas e de lutas por justiça e dignidade. O texto também estabelece um diálogo com as tradições religiosas populares brasileiras, especialmente as de origem indígena e africana, indo, assim, para além do Cristianismo. Na mesma direção, destaca-se *Dança do novo tempo: o novo milênio, o jubileu bíblico e uma espiritualidade ecumênica* (1997), na qual apresenta os princípios básicos da profecia bíblica do jubileu, assim como as indicações práticas e políticas de um projeto de jubileu para o século XXI.

Em *O sabor da festa que renasce: para uma teologia afro-latíndia da libertação* (2009), Marcelo Barros propõe uma mudança de lugar teológico que inclua a possibilidade de fazer teologia a partir da realidade das culturas religiosas afro-indígenas. Trata-se de se articularem dois polos de reflexão: o que emerge do ponto de vista da experiência afro-americana e o que se efetua dentro do marco das culturas indígenas, considerando que ambas releem e reinterpretam criativamente a partir das próprias experiências e símbolos a perspectiva teológica e religiosa latina da fé cristã.

O referencial hermenêutico dessa visão teológica é o da teologia da libertação e ela se desenvolve a partir do paradigma do pluralismo religioso e cultural constatado na atualidade e assumidamente valorizado. Por essa valorização entende-se o reconhecimento do pluralismo como "dom precioso que enriquece a humanidade e a convida a um aprofundamento espiritual novo e mais profundo" (BARROS, 2009, p. 31).

Embebido por um clima testemunhal, as reflexões contidas na obra apresentam aspectos históricos relevantes do contexto de formação das teologias afrodescendentes, em especial as suas raízes plurais, com as devidas distinções entre os esforços de se pensar a fé no contexto das religiões afro-brasileiras, por um lado, e no contexto dos grupos cristãos que buscam pensar a fé cristã a partir das culturas negras, por outro, além do relato das aproximações entre esses diferentes grupos. Mesmo com as imprecisões do termo – apresentadas pelo autor – ficam indicadas, por exemplo, as experiências de uma teologia do Candomblé e uma teologia da Umbanda. A experiência de agentes cristãos de pastoral negra e de círculos teológicos cristãos que buscam uma síntese entre as culturas negras e a fé cristã também é descrita.

Entre as visões teológicas desafiadoras está a de uma cristologia afro--latíndia. Ela mostra, entre outros aspectos, que a redenção acontece não mediante a morte sacrificial de Jesus na cruz, mas que nasce de uma fé confiante e despojada mediante o amor de Deus. "Isso não diminui o valor salvífico da autoentrega de Jesus em seu martírio e da força do exemplo que tem sua paixão. Mas abre a fé cristã a um reconhecimento de uma ação divina muito além do Cristianismo" (BARROS, 2009, p. 125-126).

No tocante às questões eclesiológicas, o que fica indicado como valor são formas comunitárias de viver a fé, dentro da referência teológica da libertação, na comunhão com as culturas afro e índia, incluindo o valor que nelas é dado às festas e à preparação e ao desfrutar da comida. Essa perspectiva requer uma mudança profunda na concepção de missão, que passa a ter a sua ênfase na forma profética de inserção no mundo, que vive e celebra o testemunho da ressurreição de Jesus no meio dos sofrimentos humanos, sobretudo das pessoas mais pobres, e do martírio constante das comunidades negras e índias. A eclesiologia afro-latíndia fundamenta-se em ser antirracista e antidiscriminatória, comprometida com a justiça e com o respeito das diferenças. Ela é marcada, não obstante o seu caráter militante, pela alegria e pela dimensão lúdica, mesmo em meio ao sofrimento.

## Últimas considerações

A complexa realidade social e religiosa que hoje enfrentamos, especialmente o pluralismo religioso, desafia fortemente a produção teológica latino--americana. Entre as tarefas está a construção de uma lógica plural para o método teológico, o que ressalta ainda mais a importância das questões ecumênicas para as reflexões teológicas atuais.

A partir da contribuição de diferentes autores, procuramos mostrar que diante do pluralismo religioso faz-se necessária para a teologia das religiões uma atenção especial à articulação entre a capacidade de diálogo dos grupos religiosos e os desafios em torno da defesa dos direitos humanos, pressupondo que a espiritualidade ecumênica requer visão dialógica, profunda sensibilidade com as questões que afetam a vida humana e inclinação para a promoção da paz. Também indicamos que uma espiritualidade ecumênica que emerge do pluralismo religioso terá como valores a dimensão mística e a alteridade e isso incidirá nos processos religiosos e sociais, favorecendo perspectivas utópicas, democráticas e doadoras de sentido. Ressaltamos o diálogo ecumênico como afirmação da vida, com as respectivas e concretas implicações no tocante à solidariedade, à comunhão, ao conhecimento mútuo e às iniciativas e projetos de humanização e de justiça social. Destacamos, ainda, que a centralidade do Reino de Deus como categoria fundamental no método teológico afirma-se como referência para as espiritualidades ecumênicas e que há implicações importantes para o método teológico quando a realidade das culturas religiosas afro-indígenas é considerada.

Com essas reflexões, procuramos dar ênfase ao valor da pluralidade e da ecumenicidade para o método teológico, com vistas a identificar as principais implicações teóricas e práticas da formação de uma lógica plural na reflexão teológica e nas ciências da religião e as consequências disso para o conjunto da sociedade. No caso da teologia latino-americana, esperamos que a visão panorâmica do pensamento dos autores apresentados possa ter dado uma noção do movimento teológico que hoje se articula em nosso contexto. Há diferentes grupos, envolvendo homens e mulheres, setores ecumênicos de juventude, comunidades eclesiais e setores acadêmicos que se têm dedicado ao diálogo inter-religioso, e tal experiência tem forjado novas perspectivas teológicas.

Os objetivos dessa nova movimentação teológica e pastoral, em linhas gerais, residem na articulação dos elementos fundantes da teologia latino--americana – como a sensibilidade espiritual com a defesa da vida, dos direitos humanos e da terra, especialmente os dos empobrecidos – com uma visão ecumênica, dialógica e de busca de uma fundamentação teológica do pluralismo religioso. Um longo e árduo caminho está por ser trilhado ainda.

# Referências bibliográficas

AMALADOSS, Michael. *Jesus, o profeta do Oriente;* imagem e representação do messias na tradição cristã, hindu e budista. São Paulo: Pensamento, 2009.

_____. *Missão e inculturação.* São Paulo: Loyola, 2000.

_____. *O cosmo dançante;* um caminho para a harmonia. Aparecida: Santuário, 2007.

_____. *Pela estrada da vida;* prática do diálogo inter-religioso. São Paulo: Paulinas, 1995.

ASETT (org.). *Pelos muitos caminhos de Deus;* desafios do pluralismo religioso à teologia da libertação. Goiás: Rede, 2003.

_____. *Pluralismo e libertação;* por uma teologia latino-americana pluralista a partir da fé cristã. São Paulo: Loyola, 2005.

_____. *Por uma teologia planetária.* São Paulo: Paulinas, 2011.

_____. *Teologia latino-americana pluralista da libertação.* São Paulo: Paulinas, 2006.

_____. *Teologia pluralista libertadora intercontinental.* São Paulo: Paulinas, 2008.

BARROS, Marcelo. *Dança do novo tempo;* o novo milênio, o jubileu bíblico e uma espiritualidade ecumênica. São Leopoldo: Sinodal; São Paulo: Paulus/Cebi, 1997.

_____. *O sabor da festa que renasce;* para uma teologia Afro-latíndia da libertação. São Paulo: Paulinas, 2009.

_____. *O sonho da paz;* a unidade nas diferenças – Ecumenismo religioso e o diálogo entre os povos. Petrópolis: Vozes, 1996.

BINGEMER, Maria Clara Lucchetti. Faces e interfaces da sacralidade em um mundo secularizado. In: LIMA, Degislando; TRUDEL, Jacques (org.). *Teologia em diálogo.* São Paulo: Paulinas, 2002.

_____ (org.). *Violência e religião;* cristianismo, islamismo, judaísmo – Três religiões em confronto e diálogo. São Paulo: Loyola/PUC-Rio, 2001.

TEIXEIRA, Faustino do Couto. *Teologia das religiões;* uma visão panorâmica. São Paulo: Paulinas, 1995.

_____ (org.). *Diálogo de pássaros;* nos caminhos do diálogo inter-religioso. São Paulo: Paulinas, 1993.

_____. *O diálogo inter-religioso como afirmação da vida.* São Paulo: Paulinas, 1997.

_____. *Nas teias da delicadeza;* itinerários místicos. São Paulo: Paulinas, 2006.

_____. *No limiar do mistério;* mística e religião. São Paulo: Paulinas, 2004.

_____; DIAS, Zwinglio Motta. *Ecumenismo e diálogo inter-religioso;* a arte do possível. Aparecida: Santuário, 2008.

VIGIL, José María. *Teologia do pluralismo religioso;* para uma releitura pluralista do cristianismo. São Paulo: Paulus, 2006.

# 5

# O encontro com a vida comunitária: uma espiritualidade da comunhão e da solidariedade

"Portanto, se há algum conforto em Cristo,
se alguma consolação de amor,
se alguma comunhão no Espírito,
se alguns entranháveis afetos e compaixões,
completai o meu gozo, para que sintais o mesmo,
tendo o mesmo amor, o mesmo ânimo,
sentindo uma mesma coisa [...].
De sorte que haja em vós o mesmo sentimento
que houve também em Cristo Jesus."
(Fl 2,1-5)

"Quero a utopia, quero tudo e mais,
quero a felicidade nos olhos de um pai.
Quero a alegria, muita gente feliz,
quero que a justiça reine em meu país.
Quero a liberdade, quero o vinho e o pão,
quero ser amizade, quero amor, prazer.
Quero nossa cidade sempre ensolarada.
Os meninos e o povo no poder, eu quero ver."
(Milton Nascimento, *Coração civil*)

Diversas situações dividem a vida em cortes tão profundos que dificilmente esquecemos! Apaixonarmo-nos por alguém, superarmos uma terrível enfermidade, perdermos uma pessoa querida, realizarmos significativa viagem são situações que geralmente nos dividem em antes e depois delas. E outras tantas situações existem... Entendo ser adequado, dentro do que tenho procurado refletir sobre espiritualidade, falar de um forte divisor de águas na minha juventude: ter lido um livro – *Protestantismo e repressão*, de Rubem Alves.

Depois dele, tomei consciência de tudo o que eu era. E mais ainda: pude concluir que o "Protestantismo [ou a religião] da Reta Doutrina", com seus dogmas e posturas moralistas, escondendo em sua ideologia liberal e democrática vários componentes autoritários, não mais atende às necessidades do povo no campo pastoral, especialmente com a população empobrecida.

Mas o racionalismo protestante parece correr nas veias, e sua pedagogia é por demais eficiente. Com isso, a cada ano de estudos no seminário, ainda muito jovem, crescia uma certa aversão ao irracionalismo e ao emocionalismo religioso. A crítica, sempre contundente, ao evangelismo de massas dos grupos pentecostais e à sua vivência eclesial aumentava. Especialmente pela lacuna encontrada em suas práticas de não analisar cientificamente a sociedade e de não pensar sua transformação em termos políticos.

Claro! Daí vem a paixão pelas Comunidades Eclesiais de Base (CEBs): o povo unido, organizado, politizado. A fé está ligada à vida; todos cantam sem tirar os pés do chão; a Bíblia ilumina a conflitividade social, sem fundamentalismos e moralismos... Escolhi esta paixão!

E a vida segue, as décadas passam, trazendo coisas boas e também águas nem sempre cristalinas e tranquilas. O fato é que outros divisores me ocorreram e depois de quase vinte anos trabalhando junto ao povo sofrido da Baixada Fluminense, no Rio de Janeiro, e mais dez em São Paulo, avalio, quase intuitivamente, nossa proposta eclesial, especialmente questionando o modelo politizado de pastoral que advogamos e perguntando quais as implicações disso para a vivência da espiritualidade.

Depois desses anos, convivendo intensamente com os grupos e valores pentecostais, com a pastoral popular católica, com comunidades históricas do Protestantismo (no caso, metodistas), todos reunidos sob o forte calor do sofrimento e da crueza social, talvez consiga enxergar algumas indicações:

- De fato, não se pode transplantar mecanicamente para a prática protestante o modelo eclesial católico, especialmente a proposta de militância política.

- O modelo eclesial da pastoral popular católica não tem atendido adequadamente aos anseios religiosos dos membros das CEBs e de outras esferas de atuação pastoral. Há certa saturação das mediações analíticas por parte do povo, principalmente por terem sido exacerbadas. Cresce o movimento carismático em áreas periféricas. E como o sofrimento tem aumentado em progressão geométrica, muitos têm "tirado os pés do chão".

- Quanto aos grupos pentecostais, passei a ter grande admiração por eles. No entanto, parece-me que algumas barreiras continuam presentes: forte autoritarismo e controle da vida de cada um dos membros; uma proposta moralista inatingível humanamente, gerando uma série de complexos de culpa; e constantes desentendimentos e divisões no interior das comunidades.

Diante disso, procuro rever minhas expectativas quanto à ação pastoral, guardando dúvidas sobre a possibilidade e legitimidade de termos na esfera protestante uma "comunidade militante" ou mesmo uma "comunidade-gerente de projetos" nas mais diversas áreas, especialmente social. Espero refletir sobre o espírito de engajamento social e político presente em todas as práticas pastorais de orientação progressista. Não se trata de uma proposta de inércia pastoral, absenteísmo político ou fechamento das comunidades. Espero buscar – ainda que não sejam inéditos – outros traços eclesiais, embora, creio, não os ter escolhido racionalmente.

Para esta reflexão serão destacadas as seguintes dimensões: gratuidade (a comunidade como lugar de abertura, de fé e de pregação da liberdade), *koinonia* (a comunidade como lugar de comunhão, de diálogo e de autenticidade), utopia (a comunidade como espaço de expressão devocional e lúdica) e *diakonia* (a comunidade como canal de solidariedade, partilha e serviço). Tais aspectos são o reconhecimento de que a vida em comunidade, por ser fonte privilegiada de utopia, se torna elemento de combate às diferentes formas sectárias, violentas, individualistas ou idolátricas do agir humano.

# A comunidade como lugar de abertura, de fé e de gratuidade

Não obstante os sofrimentos, os tempos de crise são bons, afirmam algumas correntes filosóficas e teológicas. Surgem o novo, a purificação, a redenção... Ainda sem vislumbrar tais dimensões tão desejadas, é sempre bom insistir em novos caminhos de espiritualidade, talvez não tão novos assim.

Introduzir a gratuidade nas reflexões da teologia latino-americana tem sido tarefa árdua, considerando que a lógica racional que se encontra em sua base, na maioria das vezes, tornou-se instrumental e dogmática. Assim, a ânsia ou indicação da gratuidade na espiritualidade e vivência eclesial foi considerada como pertencente ao reino do supérfluo, do ineficaz, do arbitrário. Outras vezes, até mesmo identificou-se na espiritualidade do gratuito um "desvio pequeno-burguês", por desfocar as lutas políticas e sua busca da "espiritualidade do conflito".

A eclesiologia que possa advir das experiências de gratuidade remonta às aproximações humanas desinteressadas e destitui de valor a lógica utilitarista presente na sociedade, especialmente a moderna. Também abre perspectivas para a dimensão transcendental, ao romper com os racionalismos exacerbados. A gratuidade é experiência de despojamento e de abertura ao mistério. Como Karl Barth indicara em sua teologia: a Igreja possui, assim como todos os trabalhos divinos, uma base eterna na livre e graciosa autodeterminação de Deus.

No plano das consciências pessoais e os consequentes relacionamentos comunitários, políticos ou institucionais, a experiência de despojamento significa não se apegar aos totalitarismos, mas abrir-se ao outro. A "opção pelos pobres", que caracteriza a teologia e a prática latino-americana, e é fundamental e imprescindível para a fé, deve estar ao lado da "opção pelo outro", constituindo-se alargamento metodológico, uma alteridade capaz de revisar e autorrevisar todos os projetos. Valorizar somente os aspectos que encontram identificação exata e homogênea consigo mesmo não é valor evangélico. É preciso uma abertura ao imprevisível e uma busca incessante do inesgotável.

Se as Igrejas formularam uma concepção dogmática cercada de ideias cristalizadas e herméticas quanto às questões eclesiais, o mesmo se deu com os movimentos de reação que surgiram no interior delas. Ou seja: as práticas mais politizadas de ação pastoral – e também os movimentos avivalistas e carismáticos – mantiveram o perfil de "donos da verdade".

No primeiro caso, devido a resquícios da teologia liberal do século retrasado, padres e pastores sobem (subimos!) nos púlpitos e "enchemos" a cabeça dos fiéis com *slogans* políticos, palavras de ordem e exigências éticas. A vivência e a espiritualidade da comunidade pouco são consideradas. Situação semelhante ocorre com os chamados movimentos de renovação religiosa. A espontaneidade – tão cara aos primeiros cristãos – parece estar ausente, e a artificialidade, cuja rima com prosperidade é inevitável, ocupa o espaço.

Nesse sentido, dois elementos, entre outros, fortemente verticalizados na prática das Igrejas, podem ser revistos: a oração e a pregação. A oração é experiência de gratuidade, essencialmente por revelar a carência, a fragilidade, a ignorância, a falta de rumo e de forças. Se os esforços políticos transformarem as pessoas em seres extremamente seguros dos seus passos metodológicos ou mesmo das palavras a serem ditas a ponto de não se permitirem escutar vozes diferentes, surgirá uma eclesialidade da ordem e não da comunhão. A oração produz comunhão porque desvela fraquezas, e nestas torna-se possível uma espiritualidade de alegria pascal (Fl 2,5-11). A vivência eclesial experimentada no sofrimento e nos embates políticos encontra raízes de felicidade por estar sedimentada na tradição bíblica.

A pregação da Palavra nas Igrejas ainda tem sido feita em um contexto tradicional e espiritualizado da fé. Além disso, os discursos, como Rubem Alves já nos dissera mais de trinta anos atrás, são dominados pela relação "pregador-professor que fala e fiéis-alunos que ouvem". Os passos em direção a uma vivência libertadora da fé contraditoriamente tem tornado os discursos apenas politizados, em vez de transformá-los. Trata-se de uma mudança de discurso – tornando-o político –, mas a relação é mantida. Isso, mais uma vez, remonta à discussão da necessidade de um discurso religioso (gratuito) que, ao contrário de outros tipos, possa ter legitimidade na contestação dos discursos vigentes (conservadores). Sendo assim, a pregação contribui para a renovação da vida da comunidade. Ela deve ser um peso a menos na vida sofrida do povo. Nada mais desagradável (e pouco eficaz!) do que passar trinta minutos ouvindo sobre a fome do povo! E pior: quando o maior sonho era esquecê-la um pouco.

E a pregação, por seu papel destacado na comunidade local, deve contribuir na construção dessa nova dimensão eclesial, aqui indicada. Jesus Cristo, em sua pregação e missão neste mundo, desejou viver justamente em uma comunidade. Ele escolheu os apóstolos para que o acompanhassem continuamente e com eles estabeleceu uma especial intimidade e vida em comum, pela qual lhes foi revelando os mistérios do Reino de Deus.

Já era tempo de termos firmado um "acordo silencioso" de pregarmos, de fato, a salvação pela *graça*. Sé criticamos o moralismo que está no seio das Igrejas (salvação pela ética) e se superamos a espiritualidade que se mede pela quantidade de orações (salvação pelas obras – religiosas), poderíamos levar a sério a salvação pela *graça*. Mas creio que ainda não fizemos tal coisa. Claro! Ainda estamos na salvação pelas obras (políticas): a eficácia da militância, o dever de transformar o mundo e alcançar a Deus. Não tem sido essa, na maior parte das vezes, a nossa pregação?

A liberdade do Espírito e a *graça* de Deus não eliminam a tarefa querigmática da Igreja. Ao contrário, a redimensionam em amor e espontaneidade. A pregação e as demais atividades eclesiais surgem da fé comunitária e indicam a salvação. Todavia, "sem que o homem possa colocar as mãos sobre Deus, como Deus coloca as suas sobre o homem", como Barth sempre lembrava. Não se trata de suprimir a dimensão política, mas deixar de acreditar que a eficácia militante dos agentes de pastoral – e a insistência para que toda a Igreja faça o mesmo – possibilitará a salvação. Colocar as mãos sobre Deus: jamais.

Então, nos deparamos com o amor de Deus. E passamos a amar e a pregar o seu amor – não de palavras apenas, mas de expressões concretas. Apenas a comunidade que ama (e se ama) pode pregar a Palavra de Deus.

## A comunidade como lugar privilegiado de diálogo, autenticidade e comunhão

A dificuldade de relacionamento humano tem sido uma das características da atualidade. Isso vem atingindo toda a sociedade, mas a situação das famílias pobres é, de modo especial, conflitiva, por razões históricas e estruturais.

Os aspectos violentos da falta de infraestrutura social se refletem visivelmente nas Igrejas. As reuniões eclesiásticas, em termos metafóricos, tornam-se um *fratricídio*, uma vez que a visão sectária – fruto das diferentes formas de pietismo, tanto no contexto católico como no protestante –, as muitas divisões internas e a burocracia pastoral geram fortes disputas e tensões entre os membros das Igrejas.

Todavia, a experiência concreta vivida pelas comunidades – ainda que com distorções – aponta para uma *koinonia*. Também é notório que os elementos de festividade, alegria, emocionalidade e abertura – intensamente presentes na matriz cultural e religiosa do povo brasileiro – cooperam para essa possibilidade.

O pressuposto dessa concepção é que o amor não é próprio das comunidades, na medida em que "nós nos amamos porque Deus nos amou primeiro" (cf. 1Jo 4,19). Ele constrói a comunidade em amor, a qual é a reunião daqueles que, sob a ação do Espírito Santo, Jesus tem tornado dispostos e prontos para a experiência da plenitude da vida. É a realização subjetiva do que objetivamente ocorreu com Cristo em sua morte e ressurreição.

Há uma série de implicações pastorais decorrentes dessa concepção teológica. Os limites deste texto não possibilitam uma reflexão mais abrangente e detalhada. A espiritualidade bíblica reconstrói a vivência eclesial, pois a institucionalidade da Igreja não garante a comunhão. A compreensão bíblico-teológica é de que a Igreja, em si mesma, não é santa. Ela partilha, como comunidade do Espírito entre a humanidade, seus pecados e sua culpa, e coloca-se absolutamente na necessidade de sua justificação em Cristo.

O que a realidade das Igrejas tem indicado, ainda que de forma caricata, é que as suas tendências teológicas não consideram a comunhão eclesial como valor. Ou seja, por si mesma a comunhão da Igreja não é um objetivo – ou, na melhor das hipóteses, está bem abaixo na escala de preocupações e de prioridades pastorais. Aos "conservadores" interessa a estabilidade institucional e doutrinária; aos "carismáticos" convém outra formulação dessa doutrina; aos "progressistas" importa o engajamento político-social (cf. 1Cor 12,12-31). A mensagem neotestamentária desafia as Igrejas à sua vocação de unidade: "[...] com toda humildade e mansidão, com longanimidade, suportando-vos uns aos outros em amor, esforçando-vos diligentemente por preservar a unidade do Espírito no vínculo da paz. [...]" (cf. Ef 4,1-6).

A perspectiva não é minimizar o engajamento político-social ou a discussão doutrinária. O que se busca é uma espiritualidade para essas demandas que não seja artificial, como por vezes encontrada nos movimentos "carismáticos", ou racionalista, como nos setores "conservadores" e "progressistas". A eficiência deve estar num contexto profundo e plenamente humano – espaço de um encontro gratuito com o Senhor –, transformando-se em eficácia.

Ao se considerar a realidade, uma das lacunas encontra-se na insensibilidade pastoral para tratar dos conflitos, de tal maneira que possam ser canalizados para uma vivência fraterna. As Igrejas caracterizam-se, em geral, pela generalidade em seu discurso e por um dualismo que advogam para si o lugar do bem. Na maioria das vezes, no campo pastoral, o ponto de partida é um idealismo, ao considerar a Igreja como lugar de intensa fraternidade e amor, e não se desce à sua realidade conflituosa. Quando o ponto de partida são os próprios conflitos existentes, não há abalos psicológicos em demasia ao se defrontar com eles, e na superação gera-se um estado de alegria e satisfação (cf. Rm 12,9-21).

A comunidade, se forem realçadas suas possibilidades de exercício da comunhão, é uma experiência antecipada do Reino de Deus. Da mesma forma que a comunidade primeira dos cristãos se sentia feliz em partilhar os bens e se amar (cf. At 2,43-47; 4,32-37), hoje também é possível amar-partilhar.

Há, portanto, uma espiritualidade que dá sentido à vida comunitária e aos esforços de formação de comunidades. Trata-se de um modo de ser, uma nova visão da vida e da fé: é a eclesiologia que surge da escuta da Palavra de Deus. Para a comunidade realmente encontrar-se consigo mesma e agir na mesma linha de Jesus Cristo e seus apóstolos, há somente uma atitude, ou seja, submissão e obediência à Palavra de Deus.

A eficiência (sempre preguei a eficiência!) deve estar num contexto profundo e plenamente humano: espaço de um encontro gratuito com o Senhor.

Na comunidade local, entre os membros, é importante que se criem fóruns informais de reflexão, oração e perdão. Poder se reunir sem pauta estabelecida, sem objetivos a serem atingidos, a não ser conversar. Ter a oportunidade de explicitar conflitos antigos e caminhar na sua superação. A vivência da Igreja local, além dos cultos e estudos, não pode se resumir a "reuniões de trabalho". Tal prática parece ter a aceitação das pessoas da Igreja, mas é uma perda de tempo. Aliás, uma feliz perda de tempo – como a de Jesus com seus discípulos, de quem ficou amigo.

Viver em comunidade tem sido um dos grandes desafios dos tempos atuais, especialmente pela ênfase individualista e consumista da sociedade. Nos meios religiosos e eclesiais isso também ocorre, o que gera uma contradição e um distanciamento dos fundamentos básicos da fé cristã.

De fato, as Igrejas evangélicas sempre foram fonte rica de vivência comunitária, estimulada pelo sentimento de pertença próprio da experiência eclesial protestante ("nós somos a Igreja") e pelas relações interpessoais favorecidas pela forma de organização das Igrejas (como cantar no coro, fazer parte de uma sociedade, participar da *escola dominical*, conhecer de perto o(a) pastor(a), visitar e ser visitado etc.). O mesmo se dá na experiência de vivência religiosa em comunidade no contexto católico-romano. Um grau razoável de experiências positivas tem sido vivido pelas comunidades. Nelas se incluem: o amadurecimento emocional, o estímulo para enfrentar as situações-limite da existência humana, a capacidade de diálogo e de respeito mútuo e a motivação para o agir solidário dentro e fora de cada grupo.

Também é fato que a experiência comunitária das Igrejas foi/é marcada por elementos de controle e de coerção. Tais elementos, como se sabe, são fruto das perspectivas fundamentalistas e de certo tipo de pietismo, fortemente moralista e dualista, que influenciou nossas Igrejas. A rejeição à cultura brasileira – e, com ela, a renúncia das formas mais espontâneas de vida, da festividade, da maneira tropical de se vestir e de se divertir, por exemplo – foi identificada com o "caminho da salvação". Hoje, essa influência torna-se ainda mais forte, pois, depois de um flerte, casou-se com os processos de massificação presentes nos programas religiosos no rádio, na TV e nos discos.

Como sempre houve interpretações diferentes em relação à moralidade cristã, os conflitos acompanham a vida comunitária. Por vezes, são encaminhados no "espírito comunitário" – o que pressupõe crescimento mútuo, alargamento de horizontes e compromissos. Outras vezes, prevalecem o autoritarismo, as diferentes formas de exclusão e o rancor.

Para nós, o que significa viver em comunidade? Provavelmente, a escolha recairá sobre o primeiro bloco de experiências, marcado, como já visto, por uma vivência comunitária que possa ser plural e que beneficie a liberdade. Afinal, tais marcas sinalizam o Evangelho!

Todavia, em função de nossa formação religiosa e dos limites institucionais, entre outros aspectos, estamos sempre mergulhados em um processo que reúne não somente os aspectos de positividade da vida comunitária, mas os dolorosos conflitos (que também são positivos) entre o que é considerado "certo" ou "errado", apropriado ou não, justo ou injusto.

São questões que não se esgotam, certamente. Elas acompanham o leito (tortuoso ou tranquilo) de nossa vida, de nossas vivências eclesiais ou acadêmicas, de nossos compromissos missionários e pastorais. Refletir sobre elas tem sido para muitos fonte de crescimento e de fortalecimento da fé. Jung Mo Sung e Josué Cândido da Silva, por exemplo, na obra *Conversando sobre ética e sociedade* (1995), contribuem para um alargamento de nossa visão quando identificam e propõem uma *ética da responsabilidade solidária*. Embora pensem em termos mais globais da ação humana na esfera social, seus referenciais podem nos ajudar, mesmo nas questões, por vezes, consideradas "menores", mas que estão presentes nos "conflitos nossos de cada dia".

Os autores indicam que a necessidade de uma *ética da responsabilidade solidária* responde ao esgotamento, por um lado, da *moral essencialista* (própria das sociedades tradicionais e marcada por imposições e legalismos, onde "nada é permitido") e, por outro, da *moral subjetivista* (própria das sociedades modernas e marcadas por indiferenças e relativismos, onde "tudo é permitido"). Em vez de regras de conduta predefinidas ou meramente adaptadas aos anseios individuais do presente, uma comunidade pode possuir seu conjunto de regras de conduta relacionado a valores fundamentais. Para se chegar a eles, é necessário um processo árduo de descobertas, que requer abertura para aceitar novas possibilidades, capacidade de diálogo e de respeito, cumplicidade solidária, confiabilidade e sensibilidade para o universo existencial de cada um que forma conosco a comunidade.

As exigências evangélicas realizadas por Jesus (gratuidade, diálogo, personalização, crítica) caracterizam-se por ser uma "conduta minoritária". Todavia, a proposta evangélica não pode desejar o "minoritário" como alvo, transformando-a em um novo tipo de lei. Na proposta do Evangelho, o interesse pelas massas é fundamental para que novas e criativas sínteses entre o dom da fé que vem de Deus e as experiências humanas venham a ocorrer. No entanto, por outro lado, a atenção e a fidelidade ao núcleo central do Evangelho, devido ao seu caráter exigente, podem não possuir aceitação massiva, como já indicavam as conhecidas e controvertidas teses de Juan Luis Segundo em *Massas e minorias: na dialética divina da libertação* (1975).

A eclesiologia que compreende a vida em comunidade como fonte de utopia requer esforços pastorais específicos. Nesse sentido, por exemplo, no aspecto litúrgico é necessário, entre outros, dar uma dimensão mais criativa e menos rotineira à celebração da Eucaristia, enfatizar que ela é comunhão entre irmãos e irmãs e que não importam as ênfases moralistas e legalistas da prática das Igrejas.

No aspecto político, é necessário distender as relações clérigos-leigos, recuperar a dimensão diaconal e criar discursos pastorais com maior transparência. Não se trata de práticas demagógicas ou populistas, mas eclesialmente os agentes pastorais precisam estabelecer uma relação mais harmônica e fraterna com os membros da Igreja.

É comum, entre clérigos e comunidades, um autêntico embate: para que a Igreja se torne "progressista"; para pentecostalizar a Igreja; ou para não permitir essas duas coisas. No entanto, o que é necessário é a conjugação de esforços teológico-pastorais para a comunidade local ser ela mesma. Ou seja: é preciso haver mediações para que as pessoas falem o que pensam, ouçam os irmãos e irmãs e tirem conclusões que as façam crescer na fé. A possibilidade de as pessoas serem elas mesmas (autenticidade) e poderem falar, ouvir, concluir (maturidade) é uma fonte rica de felicidade e de utopia.

Outros e diferentes exemplos podem ser listados ou deduzidos a partir desses. A criatividade pastoral própria do contexto latino-americano e uma perspectiva teológica propositiva parecem formar uma composição de potencial ainda não totalmente mensurado.

## A comunidade como espaço de expressão devocional e lúdica

Para as reflexões acerca de uma eclesiologia e de uma pastoral popular e sobre os modelos de ação pastoral entre os empobrecidos, um fato que tem chamado a atenção é a violência do discurso pastoral politizado diante da expectativa religiosa dos que vão à Igreja. Quanto a isso, diante das referências teológicas anteriormente apresentadas, pode-se advogar, sem receios, que a comunidade local seja uma "bolha" na qual os membros podem sentir-se "bem em flutuar um pouco acima de sua realidade" (SCHWANTES, 1989, p. 29). No entanto, em função das mesmas referências teológicas, é necessário distinguir qual o limite entre essa perspectiva e as práticas alienantes que marcam as vivências no interior das Igrejas, especialmente as relacionadas com as formas religiosas intimistas e sectárias.

A primeira negação a ser feita é à "pastoral de sucesso". Regra geral, há maior compromisso do clérigo com a instituição do que com a comunidade local e seus desafios. Acompanhando tendências conjunturais das Igrejas, tem sido comum lideranças avessas a determinada experiência religiosa tornarem-se artificialmente adeptas dela, no intuito de adequar-se às expectativas majoritárias ou em ascensão em suas comunidades.

Outra negação necessária é à total evasão do mundo como felicidade, como tem sido historicamente a pregação das Igrejas no Brasil; ou mesmo a fuga das explicações mais racionais e científicas das vicissitudes da vida. Esse é um aspecto complexo, que acrescenta uma série de questionamentos à prática pastoral, por sua vez já complexa. Porque, se, por um lado, as pessoas não podem fugir totalmente de suas realidades, encará-las, por outro, é uma tarefa difícil devido ao elevado grau de sofrimento e de degradação da vida humana na atualidade.

No campo da pastoral popular, é impressionante a precariedade na qualidade de vida das pessoas. A maioria tem a saúde mental debilitada, os problemas familiares e existenciais são diversos e a vida material é desumana (moradias minúsculas, insegurança no trabalho, pouco ou nenhum lazer). Diante disso, são necessários uma pastoral e esforços litúrgicos de "consolação", mas, na maioria das vezes, ao menos nos ambientes orientados pela perspectiva da libertação, temos dado ênfase somente à "pastoral da transformação".

Como propor projetos/empenho/reflexões/estudos/reuniões em meio a tanto sofrimento? Será possível que um deslocamento um pouco acima da realidade possa ajudar a enfrentá-la? Ou a fé e a vivência eclesial estão confinadas a ser uma completa fuga de tudo?

Para uma renovação eclesial e litúrgica que leve em conta essa tensão, algumas indicações são bastante propícias. No culto, a Igreja realiza a *communio sanctorum* numa forma definida. Ele redimensiona o presente, ao não se confundir com o viver diário, seja do mundo, seja da própria comunidade, e a Igreja adquire sua natureza profética e escatológica.

A experiência da salvação é o direcionamento da vida ao Reino de Deus, ao questionar e desestabilizar a realidade presente. O futuro antecipado pela compreensão utópica cria, com a dimensão lúdica, outro tipo de relacionamento com a realidade. O lúdico é uma forma de contestação e de desestabilização do presente e sinaliza a infinitude e a misericórdia de Deus na subversão do real.

As propostas politizadas que normalmente são apresentadas às Igrejas (análises de conjuntura, debates, participação em associações, sindicatos e partidos) precisam estar presentes, pois são instrumentos da missão e ajudam a viver. Ver racionalmente o mundo e entender suas engrenagens sociopolíticas e econômicas são aspectos fundamentais da vida e da fé. No entanto, ao mesmo tempo, a comunidade local precisa ser o lugar de prazer onde ela ora, canta e cultua a Deus. Um espaço de "felicidade que não signifique a evasão do mundo, mas que, ao mesmo tempo, viva na dimensão constante da transcendência do mistério, de onde brotam os contornos de toda experiência que comece a responder aos anseios infinitos do coração" (IDÍGORAS, 1983, p. 163).

Outro aspecto eclesial por demais agradável são as festas. Quanto mais festa, mais senso de comunidade, mais trabalho partilhado, mais alegria e comunhão, mesmo em meio à dor. Desde já há algum tempo teólogos como Harvey Cox, com o seu destacado livro *A festa dos foliões: um ensaio teológico sobre festividade e fantasia* (1974), e também Jean Vanier, com *Comunidade: lugar do perdão e da festa* (1995), têm-nos oferecido essa contribuição.

As manifestações da cultura não podem ser reduzidas pelo olhar ortodoxo das ciências ou da pastoral. Isso já ocorreu com os modelos de organização popular no Brasil e redundou em sérios danos tanto à prática política dos grupos orientados pelos referenciais de esquerda como à produção teológica e à pastoral popular no Brasil.

As festas, a ruptura irônica e criativa com os padrões sociais, as celebrações, o prazer, as devoções, o cotidiano – sofrido e alegre – revelam o papel da dimensão lúdica na existência humana. E tal é a novidade (Evangelho) – sem a necessidade de instrumentalização –, que surgem daí reforço de identidade, socialização e um refazer da vida com novas utopias e dignidade.

Por esse e outros motivos nossas Igrejas precisam cada vez ter mais e melhores momentos de celebração e oração. Vivenciar cada momento que Deus está entre nós, falar com ele, cantar para ele. Cada atividade que contenha objetivos mais explícitos e que trabalhe conteúdos mais definidos (cursos, reuniões, palestras) deve estar revestida de uma espiritualidade que preencha as expectativas religiosas das pessoas. Não se trata de demagogia pastoral ou de fazer uma conciliação apelativa. O que a experiência tem mostrado é que orar é muito bom! Falar de Deus e de seu Espírito (seguindo a trilha bíblica da liberdade, é claro!) desperta as coisas boas que estão adormecidas dentro das pessoas. Ou como Rubem Alves indicou ao afirmar que a fé ajuda a "exorcizar o medo e construir diques contra o caos" (1982, p. 24). E o que é a nossa vida? E o que é a vida de milhões de humilhados?

Referência teológica alguma traz mais prazer ao povo do que saber que "o Reino de Deus está em nosso meio" (cf. Lc 17,21). Isso significa que é possível ser feliz aqui, apesar de tudo. Se Deus está junto de nós, encontramos alegria para cantar, sentido para orar e força para nos aproximar do nosso irmão e da nossa irmã. A comunidade é valorizada, pois ela recebe a visita do Espírito de Deus e a participação de cada um. A individualidade (sofrida) ganha uma dimensão prazerosa (e comunitária). A alegria traz segurança. Quem experimenta recortes de felicidade pode olhar mais para a sua vida; encarar um pouco mais a realidade.

A comunidade local ser essencialmente espaço de cantar/orar/celebrar não se confunde com conservadorismo religioso. É fato que essa concepção eclesial que defendemos possui um tipo próprio de canções e programações.

O louvor dentro dessa linha de eclesialidade deve trazer as canções alegres, que falem da comunidade e da Bíblia, realçando os aspectos de amor, comunhão e serviço, próprios do Reino de Deus entre nós. Cantar a vida no tom da fé, como é a perspectiva do Evangelho.

A devocionalidade da comunidade local, especialmente como está sendo proposta – menos falada, em certo sentido menos explicitamente politizada, menos racionalista –, não pode reforçar a crise doutrinária das Igrejas. O espaço comunitário de cantar/orar/celebrar para produzir felicidade, nos termos em que estamos falando, deverá possuir os contornos bíblico-doutrinários que a herança evangélica tem-nos deixado. Esse apego à doutrina não é prazer pela ortodoxia. Acima de tudo, vejo a doutrina como instrumentalização pastoral, criativa, prática, capaz de levar a comunidade de fé a vivenciar o Evangelho. Se assim for, será uma busca feliz das coisas boas do passado, da herança a ser repartida hoje, e matar a nossa fome evangélica.

Ao lado dessas reflexões está a necessidade de uma espiritualidade que possibilite uma crítica a todo e qualquer dogmatismo, autoritarismo e preconceito, além de uniformidades e imediatismos políticos, e aponta "para a grande utopia do Reino e a provisoriedade e transitoriedade dos modelos políticos" (BOTAS, 1992, p. 5). Um esboço dessa perspectiva teológica precisa considerar como referencial teórico, em primeiro plano, a vertente da utopia, conforme a tradição bíblico-teológica, em especial o profetismo. A segunda vertente trata do *kairós*. A lógica do "tempo oportuno", ao ser vivenciada por qualquer pessoa ou grupo, gera uma ruptura criativa com as lógicas formais. E a terceira vertente representa a crítica a toda e qualquer falsa segurança e idolatria. Dessa forma, busca-se responder às indagações existenciais que superam os dogmatismos e ortodoxias das instituições, sejam elas quais forem.

O protótipo dessa perspectiva é Jesus Cristo. A rejeição sofrida por ele (cf. Jo 1,10-11) atesta essa condição. A sedução e o apelo trazido por Cristo motivam as pessoas a outro tipo de vivência fora dos padrões institucionais e hegemônicos, não obstante o fato de que essa radicalidade evangélica pode gerar formas de proscrição e de exclusão. No entanto, aqueles e aquelas que têm experimentado esse seguimento revelam que se trata de uma fonte de intenso prazer e realização pessoais, embora não deixem de estar na condição de "servo inútil" e devedor.

Em relação à experiência eclesial dos pobres, talvez seja possível pensarmos que ela pode ser ampliada a partir de vivências mais produtoras de felicidade e mais fortemente marcadas pela gratuidade. Vivenciar a devocionalidade da fé, fortalecendo um senso comunitário de expressão religiosa, que construa, até mesmo, uma alternativa ao utilitarismo e ao individualismo presentes na religiosidade popular – pentecostal, católica ou não cristã. Trata-se de buscar novas sínteses entre gratuidade e eficácia, fé e política, que respondam aos anseios do povo.

Deus tem ouvido o sofrimento do povo (Ex 3) e atuado como consolador e sedutor (Lc 5,23). Todavia, por vezes, a racionalidade da pastoral popular tem dificultado fazer o mesmo. Como escutar o povo se ele muitas vezes não fala? Os pobres, para manifestarem sua resistência, quase sempre o fazem a partir de uma produção simbólica – esta é a linguagem do oprimido. Os projetos de conscientização estarão destinados ao insucesso se não mergulharem na tensão com a produção simbólica popular. É preciso descobrir constantemente as "passagens secretas" entre a dimensão simbólica e a prática material.

Esse é um processo árduo e com poucos caminhos trilhados. Requer escutar falas não ditas ou "malditas", sem respostas previamente determinadas, sem dogmatismos. Talvez por isso seja inseguro. Como tarefas teológicas estão colocados: refazer o círculo hermenêutico; ouvir novamente as questões; mergulhar na análise da sociedade como os peixes (e não o olhar superficial das aves) e, humildemente, contribuir para o seu reverso. É possível que estes tempos áridos possam ser reconhecidos como um novo *kairós*. Um tempo oportuno para a ação de Deus que nos leve a todos a atitudes de revisão e compromisso.

Se desenvolver projetos sociais, ótimo; se mudar o mundo, melhor ainda; mas se eu encontrar essa pérola de grande valor (com a qual sonhei em todas essas linhas), vendo tudo o que tenho para poder comprá-la (Mt 13,45-46).

## A comunidade como canal de solidariedade, partilha e serviço

De muito tempo vem a crítica às comunidades religiosas quando vivenciam uma espiritualidade sectária e individualista: guetos/fratricídios/mosteiros secularizados e por aí vai. Há teólogos que chegam a não ver a ação do Espírito nas Igrejas: estão enferrujadas, verticalizadas, não têm comunicação com a vida. Padres, pastores, pastoras deixam de se sentir mobilizados e desafiados por elas. De minha parte, penso que talvez elas estejam... adormecidas.

Muitas vezes já me defrontei com duas Igrejas: uma querendo ser "muito" Igreja, forte e poderosa, e outra pouco. A esta, que é mais comunidade, associamos à liberdade do Espírito, à *graça*. À outra, para usarmos a linguagem bíblica, "daremos a César". Nossa visão está ligada à experiência de Jesus no conhecido relato do caminho para Cafarnaum (Mc 9,33-37). É muito comum o nosso silêncio ao ouvir a pergunta de Jesus: "sobre o que vocês discutem no caminho?" Por quê? O caminho (eclesiástico) para Cafarnaum é palco da discussão sobre quem é o maior... o de maior prestígio, de maior salário, de maior espiritualidade. E as Igrejas estão aí, neste caminho.

Todavia, há também outra perspectiva. No referido relato bíblico, foi "em casa" que Jesus fez essa pergunta. A casa-comunidade é o lugar onde a ordem é invertida: primeiro servir; por último, ser servido. Lá, em meio aos questionamentos, brota o serviço – como água descendo a garganta sedenta. Isso nos leva a pensar: o que temos discutido mais ultimamente? Estamos "em casa" na comunidade local? Podemos responder sem silêncios e perguntar com coragem?

Há palavras e atitudes que fazem nascer a comunidade lá de dentro das Igrejas – na verdade, não as sei pronunciar. Mas é um esforço – de muita gente, de Deus. Talvez seja por bem desfocar um pouco a nossa lente institucional, além de deixar de olhar somente para os "donos da Igreja", de reforçar os "disse me disse", os jogos de poder ou a mesmice das programações e atividades eclesiais e deixar de falar demais. A solidariedade começa no olhar.

O Espírito de Deus desperta a comunidade. Tem sido assim! E a razão do serviço e da partilha, da ajuda ao fraco e ao necessitado é algo que sopra como o vento, "recordando as palavras do Senhor Jesus, que disse: 'Há mais felicidade em dar que em receber'" (At 20,35). A solidariedade é fonte de prazer e está firmada nas expressões de gratuidade. Analisar a conjuntura e propor meios políticos de transformação é eficaz, imprescindível e será feito. Mas... depois do amor.

A comunidade vive e bebe do cálice da solidariedade: sofrimento e felicidade. Todavia, é uma gratuidade, um encontro com Deus. Não importa se a prática é politizada ou assistencial. A solidariedade parte das necessidades concretas do outro e não do nosso "dever" de praticar o amor, conforme ouvi certa vez de Gustavo Gutiérrez. Talvez de nossas comunidades saiam poucos militantes políticos... Mas seria tão bom se cada um abrigasse o outro – aquele que chega, sem lugar, sem amar, pobre e sozinho; aquele que está ao lado, na espera do abraço, da atenção, do espaço. Tais coisas não se pode medir.

Por isso, nesse sentido sugerimos que se enfatize a *diakonia* como canal de partilha e de solidariedade. Ela representa uma fonte profunda de espiritualidade. Reflitamos um pouco sobre essa dimensão tão cara para a fé.

O termo caridade, como tradução da expressão bíblica do amor humano ativo e solidário, de fato tornou-se desgastado devido às conhecidas práticas de assistencialismo na história das Igrejas e dos grupos influenciados por essa perspectiva. No Brasil, em especial pela concepção autoritária e verticalista presente na cultura popular e das elites, prevaleceram o clientelismo ou as práticas desprovidas de análises mais críticas em relação ao funcionamento da sociedade.

As perspectivas de ação pastoral e/ou política que, nas últimas décadas, enfatizaram as análises críticas caracterizaram-se, como se sabe, por estar isentas de "fazer caridade". Tratava-se de não agir em favor de grupos empobrecidos caso esse esforço não estivesse objetivamente dentro de um processo progressivo de transformação social.

Todavia, a confluência do aumento dos níveis de pobreza e de desigualdades sociais com as reflexões em torno das incertezas quanto ao processo social fez com que novas práticas e concepções surgissem. Nessa perspectiva, multiplicaram-se os movimentos e os grupos de solidariedade, com os mais diferentes matizes e planos de ação. Tais iniciativas, de forma deliberada ou não, tendem a mobilizar setores amplos da sociedade, não se restringindo aos eclesiásticos, por vezes sem capacidade para superar as práticas meramente assistencialistas.

A partir dessas considerações, é possível distinguir a caridade e a solidariedade. A primeira é, sobretudo, ato de doação, alguém que se dirige para um outro, como o conhecido relato bíblico do bom samaritano (Lc 10,25-37). Há, nas ações de caridade, uma separação entre o sujeito e o objeto. A solidariedade, no entanto, implica parceria, cooperação, estar junto, tal como foi a experiência dos primeiros cristãos (cf. At 6-7). Portanto, a distinção não se baseia na dicotomia individual/coletivo, mas na possibilidade de interação entre sujeitos e de corresponsabilidade nas ações.

Com a atenção para que as práticas não se revistam de novas nomenclaturas e mantenham conteúdos já superados – como é comum nos campos de ação popular, basta verificar a identificação simplista das expressões "oprimidos" e "excluídos" –, outros critérios de ação poderiam ser estabelecidos.

A tradição bíblico-teológica cristã apresenta a experiência de *diakonia* como síntese entre as ações humanas destituídas de interesse político objetivo (como a caridade bíblica) e aquelas que, por serem globalizantes e com ênfase na alteridade, sinalizam a compreensão utópica do Reino de Deus (como as ações de solidariedade). A solidariedade caracteriza-se por ter o seu horizonte de resultados no tempo presente. A *diakonia*, como ação comunitária e participativa, inclui e ultrapassa a solidariedade, pois o seu horizonte de resultados encontra-se no tempo utópico, ou seja, subordina-se a Deus e ao seu Reino.

Reconhecemos que a violência e a miséria estão no dia a dia das Igrejas. Por isso a comunidade local é a *diakonia* que surge da negação da negação humana, semelhante à experiência de Estêvão e outros cristãos do Novo Testamento (cf. At 6-7). Dessa negação irrompe a nova experiência de amor e serviço:

> Experimenta-se a superação da violência através da solidariedade. A comunidade é este espaço novo e concreto para a redenção. A Bíblia

não se cansa de insistir neste seu projeto. A comunidade, a igreja da base, viabiliza momentos de superação das opressões. Aí as crianças são acolhidas: "Deixai vir a mim os pequeninos". As mulheres também testemunham, assumem sua palavra. Os escravos são integrados como irmãos. Nascem novas relações. E assim a violência é contida, de jeito concreto, pé no chão (SCHWANTES, 1989, p. 30).

Todavia, a urgência do serviço cristão tem, por vezes, produzido nos setores de pastoral popular – protestantes e católicos – posturas dogmáticas e de imediatismo político. O que ocorre são tentativas de absolutizar o serviço cristão como tarefa humanamente realizável. A perspectiva de *diakonia* apresentada neste trabalho relativiza tais tentativas e afirma que a possibilidade do serviço é um dom gratuito de Deus. Nesse sentido, seguindo as trilhas de Karl Barth, a Igreja pode e deve trabalhar com determinação, pois ela se realiza em conexões e relacionamentos bem definidos que justificam essa exigência. No entanto, adverte que isso será sempre realizado pela Igreja, mas com reserva em relação a si mesma, com a consciência da relatividade de suas decisões, de sua natureza provisória, de sua necessidade de constante reforma e o seu estar sob – e não sobre – a Palavra de Deus.

Tal perspectiva gera um profundo laço entre espiritualidade e missão. A missão de Deus requer uma organização eclesial cujo caráter comunitário deve promover um aprofundamento da fé cristã, de tal forma que ela não seja reduzida a "convicções teóricas" (intelectualismos) ou a "costumes exteriores" (moralismos). A missão também requer um estilo de vida, pessoal e comunitário, marcado pelo despojamento e pela ação solidária, conforme as perspectivas da teologia latino-americana indicam. Uma eclesiologia brasileira não pode prescindir dessa visão missionária.

A missão tem como fundamento a noção do "mundo como espaço do Reino de Deus". Tal noção está relacionada à doutrina da santificação, que, como se sabe, vai além da vida pessoal, inclui os aspectos da realização parcial e fragmentária do Reino no presente da vida humana, da história e do cosmo e reforça, assim, a responsabilidade social cristã.

A partir dessa visão teológica e de outros referenciais importantes para o contexto brasileiro, temos refletido sobre o sentido *diakonal* da vida cristã. A *diakonia*, como dimensão eclesial, permite uma síntese da vivência de fé comprometida com os desafios da realidade social e política com aquela de maior apelo devocional e religioso. Ela ajuda os grupos a olharem para fora de si mesmos e não se conformarem com a realidade (cf. Rm 12,1-2). Além disso, como são grandes os desafios, a dimensão ecumênica é reforçada e abrem-se novos canais para a unidade da Igreja.

A comunidade que olha somente para si perguntará sempre como Tiago e João – os filhos de Zebedeu – se podem, na glória de Cristo, sentar-se um à direita e outro à esquerda. Mas Jesus os desafia: "Entre vós não é assim; pelo contrário, quem quiser tornar-se grande entre vós, será este o que vos sirva e quem quiser ser o primeiro entre vós, será servo de todos" (cf. Mc 10,35-45).

O critério da *diakonia* firma-se na resposta solidária às demandas concretas criadas em torno do sofrimento humano. Essas alcançam enormes proporções quantitativa e qualitativamente, o que significa dizer que os esforços e métodos necessitam ser plurais. Essa dimensão de ecumenicidade das ações solidárias e de serviço possibilita, portanto, ações inclusivas de cristãos e não cristãos, além de tantos outros cuja situação de exclusão não lhes permite atuar em espaços formais, eclesiásticos ou burocráticos. A *diakonia* baseia-se essencialmente nos valores evangélicos e pode ser vivenciada tanto nos espaços orgânicos e de maior institucionalidade como na dispersão e na diáspora da vida humana e do exercício religioso da fé. Como expressão teológica de serviço e solidariedade, ela se constitui sempre como ação relevante e os seus resultados poderão ser previsíveis ou não. Todavia, a relevância se dá em ambos os casos, pois pedagogicamente eles se situam na esfera da ação cultural. Portanto, tais resultados não podem ser devidamente mensurados. Trata-se de outra lógica.

A eclesialidade firmada no amor pressupõe que o universo existencial de cada integrante da comunidade experimente a conversão, metanoia, uma nova concepção e atitude de vida. É o exemplo da parábola do bom samaritano (Lc 10,25-37) – cuja indagação "qual destes três te parece ter sido o próximo do homem que caiu? [...]" preconiza essa ruptura e decisão existencial –, as pessoas, em comunidade, renascem para a vida. Trata-se do surgimento do novo ser humano e de uma humanidade inteiramente nova.

Isso requer o aparecimento de pessoas fundamentalmente livres para criarem seu comportamento ante as exigências e possibilidades concretas deste mundo. Mas, quanto a essa postura, recorremos mais uma vez à compreensão de Barth, ao indicar que a comunidade sempre viverá em situação de perigo e de instabilidade, porque sua missão de fazer justiça, ser luz no mundo e anunciar o domínio de Deus será sempre questionada por outros domínios. A mensagem autêntica da Igreja é suficientemente revolucionária para criar uma reação – compreensível, uma vez que proclama uma nova humanidade e a necessidade de conversão, discipulado e cruz. A espiritualidade da partilha, da comunhão e da solidariedade é, portanto, uma *ad ventura*.

## Últimas considerações

Esses elementos estão misturados na prática e no idealismo. Faz lembrar Jesus, que tanto amou (na prática) e desejou ver alterada a forma humana de viver, no entanto, foi morto. A morte dele foi um desejo incompleto tanto de Deus como dos humanos. Mas Deus reinventou sua experiência primeira de amor e Jesus está vivo entre nós.

Viver a fé em comunidade, ser Igreja, é chegar mais perto do desejo realizado, do amor pleno, da felicidade. "Eis que trago boas-novas de felicidade." Essa é a dimensão evangelizadora de uma comunidade de fé, e reúne (creio) estes quatro aspectos da vivência eclesial: um lugar de abertura, de fé e de gratuidade; ser um espaço de diálogo, autenticidade e comunhão; espaço para expressão devocional e lúdica; e ser um canal de testemunho solidário, de partilha e de serviço.

São quatro lados de um quadrilátero aberto, plural. Aliás, a espiritualidade que vi nestas páginas (ou senti) procura expressar, por excelência, o pluralismo, a liberdade, a leveza. Ou não? É tentar responder à pergunta de Rubem Alves perdida entre as páginas de *Creio na ressurreição do corpo* (1984): "O que é mais importante, o que as pessoas pensam ou o que elas amam?". É tentar ver novamente como Karl Barth (e relativizar a institucionalidade): "A Igreja é um evento que se repete continuamente". É o movimento do Espírito que, como o vento, vem refrescar o nosso rosto.

# Referências bibliográficas

ALVES, Rubem. *Creio na ressurreição do corpo.* Rio de Janeiro: CEDI, 1984.

_____. *O que é religião.* Rio de Janeiro: Brasiliense, 1982.

BOTAS, Paulo Cesar. Esboço para uma teologia da proscrição. *Contexto Pastoral* 2 (7) (mar./abr. 1992).

COX, Harvey. *A festa dos foliões;* um ensaio teológico sobre festividade e fantasia. Petrópolis: Vozes, 1974.

IDÍGORAS, J. L. *Vocabulário teológico para a América Latina.* São Paulo: Paulus, 1983.

SEGUNDO, Juan Luis. *Massas e minorias;* na dialética divina da libertação. São Paulo: Loyola, 1975.

SCHWANTES, Milton. Toda a criação geme e suporta angústias. *Tempo e Presença* 11 (246) (out. 1989) 29-30.

SUNG, Jung Mo; CÂNDIDO DA SILVA, Josué. *Conversando sobre ética e sociedade.* Petrópolis: Vozes, 1995.

VANIER, Jean. *Comunidade;* lugar do perdão e da festa. São Paulo: Paulinas, 1995. (8. ed. 2011.)

# 6

# O encontro com a natureza e com a história: uma espiritualidade que emerge na força do Espírito

> "Porque sabemos que toda a criação geme e está juntamente com dores de parto até agora. E não só ela, mas nós mesmos, que temos as primícias do Espírito, também gememos em nós mesmos, esperando a adoção, a saber, a redenção do nosso corpo."
> (cf. Rm 8,22-23)

> "Terra!
> És o mais bonito dos planetas,
> tão te maltratando por dinheiro,
> tu que és a nave nossa irmã.
> Canta!
> Leva tua vida em harmonia
> e nos alimenta com teus frutos,
> tu que és do homem a maçã..."
> (Beto Guedes, *O sal da Terra*)

As reflexões teológicas e pastorais sobre espiritualidade têm tido destaque em diferentes ambientes, tanto no espaço eclesial como no acadêmico. De minha parte, tenho procurado analisá-la em variados aspectos, ao destacar as suas bases bíblicas, as dimensões espirituais provocadas no encontro de diferentes religiões e os desafios da vida comunitária em um mundo marcado pela despersonalização, pelo individualismo exacerbado e por lógicas excludentes, violentas e conflitivas. Neste momento, quero abordar a partir de outro olhar que considero igualmente relevante: a espiritualidade que surge e que se compromete com a criação e recriação da vida – portanto, vai além da dimensão pessoal para alcançar uma perspectiva cósmica; e que igualmente surge e se compromete com a história, não se tornando, assim, escapista nem individualista, mas relacionada com a vida em toda a sua amplitude humana, comunitária e social. Tal espiritualidade marca uma visão ampla de salvação, o que nos faz ter em mente a tradição bíblica judaico-cristã, na belíssima figura do pastor que, nos perigos da vida, salva concretamente a ovelha ferida.

Falar em salvação mobiliza intensamente todos os seres humanos, independentemente de credos, culturas ou convicções políticas e filosóficas. Trata-se de algo decisivo, fundamental na existência humana e que traz indagações e expectativas para todas as pessoas. No caso da reflexão teológica, a temática da salvação representa um divisor de águas. A compreensão sobre o dado salvífico demarca os outros pontos teológicos, especialmente os prático-pastorais. As atitudes, valores e práticas das pessoas e grupos irão variar bastante, dependendo da visão que se tenha da salvação. Daí a importância do tema nas reflexões teológicas sobre a espiritualidade.

No interior das Igrejas, há, ao menos, duas compreensões equivocadas sobre a salvação, bastante correntes, ambas sem base bíblica de sustentação. A primeira é a concepção *mera e excessivamente individualista* da salvação; a segunda é que a salvação é *exclusivamente* para um outro mundo (cf. IDÍGORAS, 1983, p. 445-451).

Historicamente, as pregações e as atividades de educação cristã no contexto das Igrejas evangélicas no Brasil, mas também no contexto católico, repetiram tão abusivamente que a salvação é individual que as pessoas envolvidas passaram a acreditar que era. Tal perspectiva reforça as interpretações metafísicas no tocante à questão salvífica e coloca barreiras para uma perspectiva mais ampla da salvação, com consequências diretas no campo da espiritualidade.

Esse quadro é o que parece marcar a realidade das Igrejas nos dias de hoje. Para revertê-lo, tendo em vista uma perspectiva salvífica mais substancialmente bíblica, vários esforços teológicos precisam ser feitos. Nesta reflexão propomos três abordagens. A primeira, ligada à minha própria tradição confessional metodista, baseia-se na perspectiva da teologia de John Wesley, fundador do movimento metodista na Inglaterra no século XVIII, que cultivou e propôs uma espiritualidade integral, conectada com a natureza e com a história.

Na sequência, uma abordagem de natureza pneumatológica, baseada na teologia da esperança de Jürgen Moltmann, que se destaca no cenário teológico com a sua doutrina ecológica da criação. A visão desse autor, como se sabe, acentua a íntima relação entre os projetos históricos e os horizontes de esperança, valoriza os processos políticos, as iniciativas de promoção da vida humana em sentido amplo e a preservação da integridade da criação. A teologia de Moltmann se caracteriza pelo acento trinitário que permite uma boa articulação dos elementos de caráter mais objetivos da fé e da reflexão teológica com aqueles mais subjetivos que geram formas de espiritualidade compromissadas com a realidade da vida e com os destinos do mundo.

Uma terceira abordagem, feita a partir da reflexão teológica brasileira, que no campo da espiritualidade tem sido muito significativa, está baseada na visão do teólogo católico Leonardo Boff. O pensamento desse autor, como já dissemos, é uma referência fundamental para se vislumbrar uma espiritualidade que seja valorizadora da vida, sensível ao cuidado com a natureza e com os pobres, aberta aos mistérios do universo e atenta aos principais desafios sociais e políticos que hoje se apresentam ao mundo.

## A teologia wesleyana da criação

Como referido, um dos caminhos que nos parece bastante frutífero para o despertar de uma espiritualidade firmada no compromisso com a vida a partir do encontro do humano com a natureza em geral e com a história é o que se pode trilhar a partir do pensamento teológico metodista, a partir da visão de John Wesley (1703-1791). Nossa proposição é que a teologia wesleyana – entendida aqui tanto em relação à totalidade dos escritos de John Wesley como no que tange às indicações de seus melhores intérpretes – corrige as referidas compreensões equivocadas sobre a salvação. Wesley, em consonância com os escritos bíblicos e até mesmo com as reflexões teológicas atuais mais consistentes, não se refere à salvação individual, mas sim às dimensões pessoal, social e cósmica da salvação.

Tal visão teológica possui diversas implicações pastorais que precisam ser identificadas pelas Igrejas. Nossa tarefa agora será apenas apontar alguns elementos teológicos e doutrinários sobre a salvação tendo como base a teologia wesleyana, os quais podem fazer emergir uma nova visão de espiritualidade.

## *O caminho da salvação*

John Wesley, ao refletir sobre Ef 2,8 ("Sois salvos pela *fé*"), por exemplo, afirmara, em 1765, no sermão "O caminho bíblico da salvação" [número 43 – "The Scripture Way of Salvation"], que

> a salvação aqui mencionada não é aquela geralmente entendida por essa palavra, isto é, ir ao céu, à felicidade eterna. Também não é a ida da alma ao paraíso, chamado pelo Nosso Senhor de "o seio de Abraão" (Lc 16,22). Não é a bênção que existe além da morte ou, como costumamos falar, no outro mundo. As próprias palavras do nosso texto tiram toda a dúvida a este respeito. "Sois salvos" não é uma coisa distante; é algo presente, uma bênção que, por intermédio da livre misericórdia de Deus, você possui agora. Ainda mais, as palavras podem ser traduzidas por "vós tendes sido salvos". Assim, salvação mencionada aqui poderia ser estendida à obra inteira de Deus, desde o primeiro despertar da graça na alma até que seja consumada na glória (WESLEY, 1985, p. 156).

As interpretações mais apuradas do pensamento de Wesley o compreendem a partir da associação necessária entre criação, salvação e escatologia. Nessa perspectiva, a teologia metodista é abordada num quadro novo, estruturado a partir de uma visão global da criação e de sua renovação, tendo a escatologia como eixo dinâmico que perpassa a compreensão de toda a teologia (cf. RUNYON, 2002).

Outro aspecto é que a imagem política de Deus no ser humano, por estar corrompida, necessitaria passar por um processo de renovação. Trata-se de questão eminentemente salvífica, que não pode ficar desfocada pelas novas formas de intimismo religioso, hoje fortemente presentes nas Igrejas. Para a implementação desse processo, é importante lembrar que os temas teológicos básicos em Wesley que fundamentam e motivam uma inserção social dos cristãos estão relacionados ao "homem novo" (sic), à conversão e à santidade social. Eles representam a justificativa bíblico-teológica do grande plano da salvação da humanidade. A responsabilidade social da Igreja, por exemplo, e todas as questões relativas aos desafios pastorais da missão requerem, portanto, uma profunda reconstituição da compreensão teológica sobre a salvação.

No sermão "O caminho bíblico da salvação", Wesley, mesmo destacando a primazia da fé para o caminho da salvação, destaca os esforços de santificação como parte do processo salvífico:

> [...] quais são as boas [obras] que você afirma serem necessárias à santificação? Primeiramente, todas as obras de piedade, como o culto público, o culto doméstico, a oração em família e a oração particular, receber a ceia do Senhor, examinar as Escrituras, ouvindo-as, lendo-as e meditando nelas; e praticando o jejum ou a abstinência na medida em que a saúde do nosso corpo o permita.
>
> Em segundo lugar, todas as obras de misericórdia, sejam aquelas relacionadas aos corpos ou às almas das pessoas, como alimentar os famintos, vestir os nus, hospedar o forasteiro, visitar os presos, os enfermos e os aflitos em geral, como tentar instruir os ignorantes, despertar os pecadores insensíveis, avivar os mornos, confirmar os vacilantes, consolar os desanimados, socorrer os tentados ou contribuir com todos os meios para salvar almas da morte. Este é o arrependimento e estes são os frutos dignos do arrependimento necessário à plena santificação. Este é o caminho apontado por Deus para que seus filhos esperem a salvação completa.

A expressão "salvação das almas" – comum nos escritos de Wesley – incluía para ele, como se sabe, o aspecto explicitamente religioso (a renovação da relação pessoal com Deus) e o aspecto integral da vida humana (a experiência de Deus em todos os âmbitos da vida). Essa compreensão ampla é uma das marcas fundamentais da ação evangelizadora, como se tornou expressa na articulação necessária entre "atos de piedade e obras de misericórdia" (cf. KLAIBER; MARQUARDT, 1999, p. 388). Tal articulação representa uma fonte sobremodo saudável de uma espiritualidade madura, eticamente responsável e embebida dos valores bíblicos fundamentais.

Em outro sermão, "Trabalhando por nossa própria salvação" [número 85 – "On Working Out Our Own Salvation"], pregado pela primeira vez no início da década de 1730, mas somente publicado em 1785, Wesley igualmente destaca a salvação como um processo que envolve fé e justiça e cuja ênfase cristológica somente se sustenta se for considerada a dimensão *kenótica* e a face humana de Jesus. Wesley destaca as dimensões da graça preveniente, justificadora e santificadora, como elementos de um processo vivo, dinâmico e integrado tendo em vista a salvação integral.

Com essa visão, a ação evangelizadora é compreendida como fruto do amor de Deus. Ela é o resultado da redescoberta da experiência bíblica da redenção, que, uma vez exercitada a partir do anúncio da dádiva do amor de Deus em favor do próximo, cria uma dinâmica na qual "ao evangelizar somos também evangelizados". O metodismo estende as implicações da experiência salvífica em todas as direções da vida e requer uma combinação de expansão (evangelística) e intensidade (ou seja, substancialidade da vida cristã).

## Criação e salvação

Temos afirmado que para compreender o pensamento wesleyano adequadamente, em especial o seu dinamismo interno, há necessidade de uma articulação entre os elementos que marcam a perspectiva teológica de Wesley, como a tradição, a razão, a experiência e também a criação, tendo todos eles a Bíblia como referência central. É o que se tem denominado "quadrilátero wesleyano em sua versão brasileira".

Entre os diferentes escritos de Wesley, podemos destacar o sermão "O beneplácito de Deus por suas obras" [número 56 – "God's Approbation of his Works"], de 1782, que é baseado no primeiro capítulo do Livro do Gênesis. Ele valoriza os elementos terra, água, ar e fogo em um diálogo criativo e crítico com a obra *Paraíso perdido*, de John Milton,[1] no qual Wesley destaca o caráter positivo da criação, seguindo cada uma de suas etapas (dias). Se-

---
[1] Tradução do texto integral para o português pela Editora Martin Claret (São Paulo, 2003).

gundo José Carlos de Souza, esse sermão seria a face de outro, "A nova criação" [número 64 – "The New Creation"], de 1785, baseado em Ap 21, que articula a temática da criação com a da salvação escatológica, em moldes similares aos da teologia contemporânea (In: PINTO DE CASTRO, 2003, p. 82). Ou seja, os relatos da criação revelam fundamentalmente o desejo profundo por salvação, além de constituir as suas bases simbólicas essenciais. Se essa pressuposição é válida – e consideramos que sim –, torna-se ainda mais plausível a tese de que a criação pode ser considerada um dos elementos básicos de interpretação da teologia wesleyana, uma vez que a questão salvífica é central em Wesley.

O sermão "A nova criação" representa o valor de Wesley à dimensão histórica e terrena, mostrando mais uma vez como a sua visão escatológica não está marcada por rupturas. Embora a visão escatológica de Wesley, conforme transparece em seus escritos, siga a concepção "tradicional" de seu tempo – ou seja, a crença na vida após a morte como realização do processo salvífico –, a sua escatologia possui íntima relação com a doutrina da salvação e com o interesse pela vida humana no presente. Nesse sentido, na pregação de Wesley não há lugar para rupturas apocalípticas, mas sim para a compreensão de que a existência tem uma dimensão eterna sempre presente. Como ele afirma: "[...] porque toda a terra se converterá em um paraíso muito mais formoso do que Adão jamais viu" (WESLEY, 1985, p. 508). Os escritos de Wesley, ainda que apresentem ênfase apocalíptica e tratem do tema da ressurreição, por exemplo, não fazem disso a sua preocupação maior – "A sua obra se liberta admiravelmente da tentativa de ganhar os homens (*sic*) para o Reino despertando neles o temor da ira vindoura" (BURTNER; CHILES, 1960, p. 281). Antes, enfocam a redenção escatológica como fruto do triunfo do amor de Deus sobre o pecado humano, com uma consequente valorização da criação.

Como elemento de destaque da perspectiva ampla de salvação encontrada nos escritos de Wesley está o sermão "A libertação geral" [número 60 – "The General Deliverance"], de 1781. Ele formaria um tipo de trilogia com os dois anteriores, de um Wesley com quase oitenta anos de idade, portanto, teológica e pastoralmente mais maduro, ao indicar que a salvação humana está intimamente relacionada com a salvação da criação como um todo. Nas palavras de Wesley (1985):

Mas "a criatura", mesmo a criação bruta, permanecerá sempre nesta condição deplorável? Deus nos proíbe de afirmá-lo; sim, ou mesmo acolher tal pensamento! Enquanto "toda a criação geme" (escutem os homens ou não), seus gemidos não são dispersos no ar ineficiente, mas entram nos ouvidos daquele que os criou. Enquanto suas criaturas "suportam dores", ele conhece todas as suas dores, e as está trazendo, cada vez mais perto do nascimento, que deverá ser concluído em sua época. Ele vê "ardente expectação", por meio da qual toda criação animada "espera" pela "manifestação" final "dos filhos de Deus"; em que ela mesma também "será libertada" (não pela aniquilação: aniquilação não é libertação) da atual "servidão da corrupção, para" uma medida da "liberdade gloriosa dos filhos de Deus".

Nada pode ser mais explícito. Fora com os preconceitos vulgares, e que a clara Palavra de Deus tome lugar. Eles "serão libertos da servidão da corrupção, para a liberdade gloriosa", ainda que em certa medida, de acordo com o que sejam capazes, da "liberdade dos filhos de Deus".

Uma visão geral disto nos é dada no capítulo vinte e um do Apocalipse; quando "aquele que está assentado no grande trono branco" pronunciar: "Eis que faço novas todas as coisas"; quando a palavra for cumprida; "Eis o tabernáculo de Deus com os homens... Eles serão povos de Deus, e Deus mesmo estará com eles", então, a bênção a seguir tomará lugar (não apenas sobre os filhos dos homens; não existe tal restrição no texto; mas) sobre toda criatura, de acordo com sua capacidade: "Deus enxugará dos olhos toda lágrima, e a morte já não existirá, já não haverá luto, nem pranto, nem dor, porque as primeiras coisas passaram".

Desçamos a poucos pormenores. Toda a criação bruta será, então, indubitavelmente restaurada, não apenas no vigor, força e vivacidade que ela possuía quando da sua criação, mas num grau muito mais elevado do que ela já desfrutou, alguma vez, em cada um deles. Eles serão restaurados, não apenas para aquela medida de entendimento que eles tinham no paraíso, mas para um grau muito mais elevado do que o anterior, assim como o entendimento de um elefante é fora de alcance para um verme. E todas as afeições que tinham no jardim de Deus serão restauradas com um vasto crescimento; sendo exaltadas e refinadas de uma maneira que nós mesmos não somos capazes de compreender.

Os aspectos até aqui apresentados revelam e reforçam a ideia de que a estrutura teológica na qual a visão wesleyana está embasada possui diferentes e complementares aspectos. Todos favorecem o conceito amplo de salvação presente no pensamento de Wesley. Com isso, criam bases para uma espiritualidade não individualista ou escapista, mas saudável, madura e geradora e defensora da vida. Uma visão mais detalhada poderia nos indicar os seguintes eixos: (i) "conhecimento religioso e autoridade", destacando a Bíblia, para Wesley, como a constante e última fonte de conhecimento e autoridade; (ii) "Deus", com a ênfase no amor e na graça salvadora; (iii) "Jesus Cristo", em seu despojamento da condição divina em favor do humano; (iv) "o Espírito Santo", cuja obra redentora não produz falsos entusiasmos, mas frutos na vida humana; (v) "o homem", que nada pode fazer para salvar-se; (vi) "Salvação", em cuja concepção Wesley combina um senso de completa dependência de Deus com um de completa responsabilidade humana; (vii) "O ideal moral" e (viii) "o padrão moral", destacando o processo de santificação e de perfeição cristã, realizável, nunca completo, e que depende da graça de Deus; (ix) "a Igreja", que recria as ênfases da Reforma como o sacerdócio universal de todos os crentes e a necessidade de reforma permanente da Igreja; e (x) "Escatologia", com íntima relação com a doutrina da salvação e o interesse pela vida humana. Essa é, por exemplo, a divisão de temas na conhecida coletânea de textos de Wesley organizada por Burtner e Chiles.

Uma perspectiva ampla de salvação e uma visão integral de espiritualidade também são evidenciadas na dinâmica do pensamento de John Wesley, quando ele destaca o equilíbrio da vivência da fé, em diferentes e complementares aspectos: entre vida e doutrina, experiência religiosa e conhecimento bíblico, iniciativa salvífica de Deus e resposta responsável humana, justificação e santificação, o universal e o pessoal, testemunho e fruto do Espírito, fé e obras, conversão instantânea e gradativa, lei e Evangelho, santidade pessoal e responsabilidade social, o pessimismo advindo da corrupção do pecado e o otimismo da graça (cf. HINSON, [s.d.]). Tal perspectiva teológica é um dos pontos fundamentais para se pensar a missão da Igreja, pois a crise que se vive hoje em termos da ausência de um projeto missionário consistente é fruto de não termos, entre outros elementos, uma visão bíblica da salvação como base de nossas práticas.

Em consonância com esses aspectos, devemos lembrar também que os traços essenciais da fé não podem ser compreendidos ou vivenciados separadamente, mas dinamicamente articulados. Trata-se da renovação da experiência religiosa a partir da graça ("avivamento evangélico"), do fervor equilibrado na vivência da fé ("entusiasmo racional"), da vida devocional que vise a uma articulação entre a fé e a razão ("piedade ilustrada") e da participação do povo na vida e nos destinos da Igreja ("disciplina democrática") (cf. BAÉZ-CAMARGO, 1986).

A teologia wesleyana destaca a experiência pessoal de salvação e de santificação. Essa ênfase não elimina a dinâmica que existe entre comunidade e indivíduo no que se refere ao dom salvífico. Nesse sentido, "viver em uma comunidade cristã e com responsabilidade social é algo indissolúvel da experiência pessoal da salvação".

Outro ponto importante é que, não obstante as recomendações sobre diferentes aspectos da moralidade cristã, a posição teológica de Wesley concentra-se na compreensão de que Deus se dirige, primeira e fundamentalmente, ao ser humano, e não o contrário. Somente pela graça de Deus pode o ser humano reagir à abordagem salvífica feita pelo próprio Deus. A teologia wesleyana, portanto, ao articular graça e disciplina, sem eliminar ou desvalorizar esses dois polos, situa-se contra as posições de antinomismo e de legalismo, quer seja nas expressões de caráter mais pessoal, quer mais social, da santidade cristã.

Dessa forma, a vida cristã baseia-se na atitude graciosa de Deus em estimular no ser humano uma postura de "voltar-se para Deus". Esse processo de conversão, cujas características básicas encontram-se no Antigo e no Novo Testamento, requer o arrependimento como passo no caminho da salvação. Em Wesley, há, portanto, o paradoxo no qual o ser humano não está em condição de chegar à própria salvação, mas, ao mesmo tempo, ele não é mero objeto – sem vontade ou capacidade – da ação divina (cf. KLAIBER; MARQUARDT, 1999, p. 250). A graça de Deus atua na impossibilidade humana, sem deixar de considerar as suas possibilidades. Ela é a fonte genuína da espiritualidade que tanto buscamos.

## "Uma pneumatologia integral": a contribuição de Jürgen Moltmann

A teologia latino-americana tem criado canais de comunicação com diversos teólogos e teólogas de outros continentes. No campo europeu, um dos destaques é o renomado teólogo alemão Jürgen Moltmann. Ele aprofunda a visão trinitária – já bem delineada em sua obra *Trindade e Reino de Deus: uma contribuição para a teologia* (1980) – com a obra *O Espírito da vida: uma pneumatologia integral* (1991), cujo título traduz bem o enfoque teológico do autor. Ao lado dessa obra, está outra, de conteúdo similar, mas que de certo modo responde a questões que surgiram como reação à primeira e considera mais detidamente o contexto prático e pastoral, incluindo uma forma mais acessível de reflexão. Trata-se de *A fonte da vida: o Espírito Santo e a teologia da vida* (1997). Nas reflexões a seguir, além do recurso às duas obras especificamente sobre pneumatologia, será utilizada também outra referência da teologia sistemática do autor, que é *Deus na criação: a doutrina ecológica da criação* (1985), que igualmente articula os temas sob enfoque trinitário. Nas palavras do autor: "Com o título *Deus na criação* pensei em Deus como Espírito Santo. Ele é o 'amante da vida' e seu Espírito está *em* todas as criaturas" (MOLTMANN, 1993, p. 20).

A santificação da vida, a possibilidade da renovação eclesial e da vida como um todo e a presença do Espírito Santo na criação são os temas destacados nos apontamentos que se seguem.

### *A santificação da vida*

Moltmann utiliza a metáfora do nascimento de uma criança para mostrar a ação do Espírito na vida humana e no conjunto da criação. Todo ser que nasce tem a vontade de se desenvolver. Quando a vida de uma criança tem início, seu objetivo é aguçar os sentidos, experimentar o novo, a luz, o ar, e crescer gradativamente até chegar ao seu alvo. Assim, a vida que "nasce do Espírito" quer se desenvolver e ganhar formato. Nas palavras do autor:

> A vida que nós dizemos que "renasceu" do eterno Espírito de Deus quer crescer e ganhar forma. Nossos sentidos também renascem. Os

olhos iluminados da razão despertam para o conhecimento de Deus, para perceber a claridade de Deus sobre a face de Cristo. A vontade libertada avalia nas diretrizes da vida suas novas forças. O coração palpitante experimenta o amor de Deus e se aquece para o amor à vida, tornando-se vivo a partir de sua origem (MOLTMANN, 1993, p. 156).

À medida que a pessoa cresce biologicamente, assim também cresce na fé. A vida cristã, segundo Moltmann, é norteada pelas experiências da vida e pelas etapas da fé que vão se desenvolvendo. Nesse aspecto, o alvo é o acabamento. Ou seja, o ser humano, um ser inacabado, está à procura da "perfeição". No entanto, essa meta não terá um alcance histórico. "O que aqui é experimentado como amor de Deus é apenas o início daquilo que se há de experimentar como glória de Deus. A santificação é o começo da glória, a glória é o começo da santificação" (MOLTMANN, 1993, p. 158).

Seguindo a trilha da teologia de seu tempo, em especial a de Karl Barth e a de Paul Tillich, Moltmann relativiza as perspectivas mais "horizontalizantes" de santificação. Para ele,

> a palavra santificação designa primeiramente uma ação do próprio Deus santo. Deus escolhe algo para si e o transforma em sua propriedade, ou seja, permite que participe de sua natureza, de maneira que lhe corresponda. Dessa maneira ele o santifica e, na relação com o próprio Deus, torna-se ele santo (MOLTMANN, 2002, p. 53).

No entanto, tal perspectiva não desvaloriza a história. A santificação está plenamente ligada à vida. Ela é gradual e vai se desenvolvendo à medida que as pessoas correspondem ao chamado de Deus para a santificação. O Espírito Santo é elo e *concordância* entre o ser humano e Deus:

> A concordância com Deus chama-se santificação. A concordância consigo próprio como imagem e filho de Deus chama-se felicidade. Nesse sentido, a santificação leva à verdadeira autorrealização. Quem está em consonância com Deus e consigo mesmo é santo e feliz (MOLTMANN, 2002, p. 55-56).

A concordância com Deus e consigo próprio – e poderíamos acrescentar com o destino de toda a criação – leva à discordância das realidades nas quais a vontade de Deus e a do ser humano se contrapõem. Daí a crítica a todas as formas de dominação e de destruição da vida. A santificação, ao contrário, se resume em apenas uma palavra: amor. O amor é o que completa os seres humanos. Eles recebem esse amor que é derramado pelo Espírito. "E a esperança não decepciona, porque o amor de Deus foi derramado em nossos corações pelo Espírito Santo que nos foi dado" (Rm 5,5). Dessa forma, as pessoas, em função do processo de reciprocidade, se tornam aptas para amar. Como o próprio Moltmann relata:

> Se santo é aquilo que Deus criou e ama, então a própria vida já é santa, e santificá-la significa vivê-la com amor e alegria. Não a santificamos apenas por aquilo que fazemos de nossa vida, mas já o fazemos através de nossa existência. "Estou alegre porque existes, porque tu és", diz o amor. Ele olha para a pessoa e não para as obras. Portanto, a santificação da vida significa não sua manipulação religiosa ou moral, mas sim o tornar-se livre e justificado, amado e afirmado, sempre mais vivo (MOLTMANN, 1999, p. 170).

A criação de Deus, portanto, se torna santa porque o próprio Deus ama a sua criação. Com isso, a criação santifica-se ao amar e ao valorizar a si. Ou seja, amar o que Deus ama é valorizar o que Deus quer santificar. Amar e viver a vida com dignidade é o resultado de uma vida santa e conduzida pelo Espírito Santo.

## O poder de renovação eclesial e da vida como um todo

Na comunidade primitiva, o Espírito e a Igreja se entrelaçaram. Trata-se do *pneuma* que está presente no testemunho vivo da comunidade, como indicou Moltmann: "Onde está presente o Espírito Santo, ali há vida, como relatam os Atos dos Apóstolos e as cartas apostólicas, pois existe alegria pela vitória da vida sobre a morte, são experimentadas as forças da vida eterna" (MOLTMANN, 2002, p. 27).

O poder renovador do Espírito transformou o cotidiano das pessoas e grupos: Pedro refaz suas reações diante das situações adversas (cf. At 1,13), os discípulos falam com intrepidez e coragem (cf. At 2,14-36), o perdão é vivenciado (cf. At 2,37), a vivência da fé é voltada para fora da comunidade (cf. At 2,38-46), a convivência gera simpatia e alegria, e a comunidade se multiplica (cf. At 2,47).

O autor afirma que o Espírito Santo "é o próprio Deus em pessoa. Ele entra em comunhão com os fiéis e os acolhe em sua comunhão. Ele é capaz de comunhão e desejoso de comunhão" (MOLTMANN, 2002, p. 95). Lembra também que

> a Igreja de Cristo é uma comunhão de pessoas livres e iguais (cf. Gl 3,28s), que vivem uns pelos outros e uns para os outros, e que conjuntamente servem ao Reino de Deus no mundo com a pluralidade carismática de seus dons e suas profissões, na unidade do Espírito Santo (MOLTMANN, 2002, p. 102).

Participando de uma comunidade que, guiada pelo Espírito, caminha ao futuro de Deus, com autenticidade e vivência ativa e positiva na sociedade, será impossível deixarmos de ser sensíveis aos dramas do mundo. Por isso se afirma que o "Pentecostes é alvo da história de Cristo, e não simplesmente um apêndice" (MOLTMANN, 2002, p. 100).

O Espírito que trabalha na origem da Igreja e no chamado ao serviço é o mesmo que leva as pessoas à unidade. Tal expressão de comunhão se baseia no amor que vai além das diferenças religiosas, doutrinárias ou ideológicas. Toda a renovação no Espírito vai em direção à unidade. O Espírito Santo, como força vital de Deus, promove, em seu "derramamento sobre toda carne" – e isso quer dizer sobre tudo o que é vivo – uma divinização de todas as coisas. Onde o Espírito está presente é perceptível a presença da vida, ou seja, a presença de Deus com sua eternidade. Essa designação para o Espírito divino é caracterizada pela palavra hebraica *ruah*. O sentido dela exprime todo o significado bíblico para o Espírito Santo:

> Sempre se está pensando em alguma coisa viva, que se opõe ao que é morto, em algo que está em movimento e que se opõe ao que é rígido. Aplicado a Deus, o vento impetuoso passa a ser uma parábola para descrever os efeitos irresistíveis da força criadora, da ira exterminadora e da graça vivificante de Deus (cf. Ez 13,13s; 36,26s) (MOLTMANN, 1999, p. 49-50).

No Novo Testamento, o alvo da entrega e ressurreição de Cristo é o envio e descida do Espírito Santo. Dentro da tradição da Igreja cristã, especificamente em seu calendário litúrgico – Natal, Sexta-feira da Paixão, Páscoa, Ascensão, Pentecostes –, o alvo a que se direciona é a grande festa de Pentecostes. Para Moltmann, a história de Cristo está "imbricada", "entrelaçada", com a história do Espírito, ou seja, totalmente interligada e, sobretudo, compromissada com ela:

> *A história de Cristo com o Espírito* começa com seu batismo e termina em sua ressurreição. Então a história se inverte: Cristo envia o Espírito sobre sua Igreja e está presente no Espírito. *Esta é a história do Espírito com Cristo.* O Espírito de Deus torna-se o Espírito de Cristo. O Cristo enviado no Espírito torna-se o Cristo que envia o Espírito (MOLTMANN, 2002, p. 23-24).

O plano redentor de Deus é consumado no envio do Espírito. Nesse propósito, o Espírito Santo é enviado com uma missão: trazer vida a tudo aquilo que está inerte, acabado e sem vida. A missão de Deus, tal como apresenta Jürgen Moltmann, é caracterizada pelo envio do Espírito em harmonia com seus seguidores no propósito de salvar o mundo do poder da morte e sua destruição:

> *Missio Dei* nada mais é que o envio do Espírito Santo do Pai por intermédio do Filho a este mundo, para que este mundo não se arruíne, mas viva. O que é trazido por Deus ao mundo por intermédio de Cristo, isto é, dito na simplicidade do Evangelho de João, é *vida*: "Vivo, e vós também vivereis" (Jo 14,19). Pois o Espírito Santo é a "fonte da vida", trazendo vida para dentro do mundo: vida total, vida plena, irrestrita, indestrutível, *vida eterna* (MOLTMANN, 2002, p. 27).

A missão do Espírito Santo, portanto, é trazer vida plena a toda a criação, mobilizando tudo aquilo que está vivo, lembrando que desde a fundação do mundo o Espírito "se movia sobre a face das águas" (Gn 1,2) e pela força de sua virtude trouxe forma e vida para a terra. A função do Espírito é recriar a criação corrompida. O plano divino de redenção é proporcionar a alegria de viver na liberdade do amor de Deus, sobretudo, receber vida que supere os poderes que geram o sofrimento humano, as enfermidades, a morte e a aflição humana e de toda a criação:

> Nesse sentido divino, missão, portanto, nada mais é que *movimento de vida e movimento de restauração*, que espalham consolo e coragem de viver, soerguendo o que está prestes a morrer. Jesus não trouxe ao mundo uma nova religião, mas nova vida. O que resulta daí para o entendimento da missão cristã? (MOLTMANN, 2002, p. 27-28).

Nesse aspecto, Moltmann apresenta a responsabilidade da Igreja na missão de Deus, pois é chamada a ser cooperadora no plano divino da redenção do cosmo. Como a missão do Espírito é trazer vida ao mundo, a da Igreja, portanto, é assumir o mesmo desafio e trabalhar para tornar manifesto o Reino de Deus. O propósito eclesial, para Moltmann, não é expandir uma "civilização cristã" sobre a face da terra, mas promover, na realidade desordenada e caótica do mundo, um espaço onde a graça de Deus se manifeste trazendo vida e restauração.

A missão de Deus não tem o caráter de "forçar" qualquer pessoa ou grupo a entrar ou fazer parte do Reino de Deus. Ao contrário, a graça é um aspecto primordial para que se possa compreender o propósito divino de redenção. A missão de Deus "constitui o convite ao futuro de Deus e à esperança pela nova criação de todas as coisas (Ap 21,5)" (MOLTMANN, 2002, p. 29). A vinda do Espírito, ou o seu derramamento sobre toda carne, é a antecipação escatológica da nova criação.

## A presença do Espírito Santo na criação

Em termos gerais, as reflexões históricas e teológicas de Moltmann suscitam a compreensão de que, não obstante as barreiras e as reações humanas e institucionais contrárias, o Espírito *age* na vida nos aspectos pessoal, coletivo e cósmico; *testifica* a obra de Jesus, tendo o Reino como referência; *recria* a vida humana – pessoal, coletiva e institucional –, possibilitando novidade e diversidade em conformidade com o testemunho bíblico; *renova* as estruturas do pensar e do agir humanos, tanto individuais como institucionais; e *promove* a vida em sentido amplo, sendo o responsável pela motivação da consciência humana, do desenvolvimento do bem-estar e da justiça social, conforme atesta a experiência bíblica.

O Espírito Santo não é somente o lado subjetivo da autorrevelação de Deus nem a fé é apenas o elo da Palavra de Deus no coração humano. Mais do que isso, ele é a força da ressurreição dos mortos e da nova criação de todas as coisas. O Espírito Santo santifica a vida e renova a face da terra (cf. MOLTMANN, 1999, p. 19-25).

A atual crise ecológica tem despertado a atenção de variados setores, e Moltmann, ao lado de renomados teólogos, como Hans Küng e Leonardo Boff, direciona o foco teológico para essa tensão no mundo. Moltmann enfatiza em sua teologia a fé no Deus-Criador de todas as coisas e a crença na criação como um espaço para o ser humano vivenciar a comunhão com Deus.

Em oposição a isso, há a concepção que vê Deus como um sujeito absolutista e que, por conseguinte, sua criação é entendida como um mero *objeto*. Nessa visão, a divindade encontra-se totalmente distante e mesmo fora da possibilidade de uma relação amorosa com a criação. Como consequência, tal entendimento tem levado o ser humano, secularizado pelo fato de Deus "estar longe" ou "fora", a se "autodivinizar". Com isso, ele se torna supostamente como seu *deus*, o senhor e o dono de seu objeto: o mundo, a criação. Daí resultam diversas formas de exploração do cosmo. Moltmann refuta tal perspectiva, baseado em sua compreensão de Deus a partir da Trindade, na qual, por intermédio do Pai, do Filho e do Espírito Santo, é expressa e testemunhada a comunhão como principal atributo da divindade. Nesse sentido, o teólogo afirma que

> se não mais compreendemos Deus de forma monoteísta como sujeito único e absoluto, mas de forma trinitária como a unidade do Pai, do Filho e do Espírito Santo, então não mais podemos entender a sua relação para com o mundo por ele criado como sendo uma relação unilateral de *domínio*, mas temos que entendê-la como uma *relação* variada e multiforme de *comunhão*. Esta é a ideia básica de uma teologia não hierárquica, descentralizada e cooperativista (MOLTMANN, 1993, p. 18).

A visão trinitária é, portanto, o melhor caminho para que se possa compreender a presença de Deus na criação. O testemunho de comunhão nos leva a entender e amar o Deus Uno e Trino que está aberto ao relacionamento com todo o cosmo, descaracterizando o pensamento de sujeição absoluta que coloca a criação como objeto de exploração e de hierarquização.

Moltmann expõe a ideia da ação direta do Espírito no ato da criação, pois é nele que tudo é planejado e consumado. A compreensão que se tem é de que o mundo foi formado trinitariamente, ou seja, o Pai cria por meio do Filho no Espírito:

> Tudo o que é, existe e vive graças ao constante fluxo de energias e possibilidades do Espírito cósmico. Por isso, toda a realidade criada tem de ser compreendida de forma energética e entendida como possibilidade realizada do Espírito divino. Através das energias e possibilidades do Espírito, o próprio criador está presente na sua criação. Ele não está somente contraposto a ela de uma forma transcendente, mas entra nela e nela está de forma imanente.

O *fundamento bíblico* para essa compressão da *criação no Espírito* é o Sl 104,29-30:
"Esconde a face, e estremecem;
se retiras o seu alento, morrem e voltam ao pó.
Envias o teu alento, e são recriados,
E renovas a face da terra" (MOLTMANN, 1993, p. 27).

O Espírito mantém a criação levando-a a uma plenitude cheia das virtudes de Deus. Pelas energias de sua *ruah*, presente "em tudo e em todos", o Espírito age e conduz a presença divina no mundo. Portanto, mediante esse ato contínuo percebe-se a importância que o Criador de todas as coisas transmite para sua criação. Uma relação de profunda comunhão e amor, na qual, pelo poder do Espírito, tudo se renova e se santifica.

## A espiritualidade ecoteológica de Leonardo Boff

A proposta teológica de Leonardo Boff dirige-se não a um ou outro aspecto específico da vida, mas à necessidade de se reinventar a maneira de viver no mundo. Trata-se de uma convocação a toda a humanidade, inclusas as diversas experiências religiosas e seculares, para um despertamento espiritual em favor da justiça e da sobrevivência humana, em face da crise que a atual ameaça de ecocídio provoca.

Em *O tao da libertação: explorando a ecologia da transformação* (2012), escrito pelo teólogo em conjunto com Mark Hathaway, vemos a íntima relação entre cosmologia e espiritualidade. A cosmologia nos remete às questões da origem, da evolução, do destino e do propósito do humano e do universo. Assim, nós nos perguntamos sobre o lugar do humano no grande esquema da vida, incluindo o "relacionamento com a Fonte de tudo ou Deus". A espiritualidade é a maneira concreta de incorporação da cosmologia na vida humana. Como descobrir o caminho e o significado pessoal ou comunitário da vida dentro de uma perspectiva de evolução cósmica?

Tal perspectiva de espiritualidade não se restringe à religião, embora possua com ela uma íntima relação. Nesse sentido, torna-se relevante, para "uma ecologia da transformação", buscar um caminho que dirija a vida, não para a destruição, mas para uma participação ativa na preservação da integridade da criação e da evolução da vida.

A espiritualidade diz respeito ao todo. No caso da vida humana, há uma unidade sagrada firmada em uma coexistência dinâmica e interligada de matéria, energia e espírito, daí a refutação das concepções dicotômicas, especialmente entre corpo e alma, matéria e espírito, ciências naturais e ciências sociais e humanas. A visão fragmentada que separa corpo e espírito é reducionista e não explora toda a riqueza e complexidade da vida. Ela até pode valorizar, por intermédio de atitudes introspectivas de interiorização, de silêncio e de reclusão, uma postura de relativização dos ativismos humanos. No entanto, por não ser efetuada de forma holística, pode transformar-se em um modo de viver certos momentos da vida na busca de paz e tranquilidade, necessárias certamente, mas não serão uma "forma de ser", como se espera de uma espiritualidade holística.

### *A espiritualidade diz respeito ao todo*

A pressuposição antropológica é que o ser humano é um todo, com distintas dimensões inteiramente entrelaçadas, e também é complexo, no sentido de seu ser possuir dimensões dinâmicas, mas que convergem para uma coerência. Essas, a saber, são: a exterioridade, a interioridade e a profundeza.

A *exterioridade* do ser humano está ligada à sua corporeidade, não como algo "morto", mas como expressão que se constitui a partir de uma extensa gama de relações, todas dinâmicas e interativas, como a que é estabelecida com o cosmo, com a natureza, com a história e a sociedade, com os outros seres humanos, com os elementos e as energias que revitalizam a vida, como o ar, a água, as roupas, as comidas, seguidas de uma longa e variada lista. Tais relações geram sentimentos, inteligências, amores, reações as mais diversas possível. O corpo, portanto, não obstante revelar a exterioridade humana, vive em uma complexidade de relações interconectadas, que também se interiorizam, daí a preferência pela expressão "ser corporificado" em vez de "ser com um corpo". Ou, em outras palavras: "nós somos um corpo" e não "temos um corpo".

A dimensão da *interioridade* está ligada ao universo psíquico e mental. Trata-se de um universo igualmente complexo, marcado por impulsos, desejos, paixões, imagens e arquétipos ancestrais. A mente humana, que descreve a interioridade, é a totalidade do ser humano e não apenas uma parte que ele possui, pois ela reflete dentro dele e captura todas as ressonâncias e interações do mundo exterior que o atingem e penetram. E os desejos são as estruturas mais básicas da psique humana que regem a vida e direcionam o ser humano para a conquista. Ao seguir o desejo, que é ilimitado, o ser humano quer alcançar tudo e o todo. A totalidade do Ser é o seu alvo. No entanto, a finitude humana não possibilita essa totalidade e sofremos a tentação de identificar as manifestações do todo, ou seja, de Deus, com o próprio Ser Deus; é confundir o Absoluto com o relativo, o ilimitado com o finito. Daí a necessidade de guiarmos nossos desejos, não somente para a satisfação pessoal e objetiva, frequentemente geradora de frustração e violência, mas para o que não pode ser negociável ou transferível nas jornadas da vida humana, o Infinito, a Fonte da realidade, Deus.

O ser humano também possui uma dimensão de *profundidade*. Trata-se da possibilidade de ir além das limitações, das meras aparências, das sensibilidades, percepções e compreensões humanas. É poder perceber os eventos e as coisas para além delas mesmas, encontrar o fundamento e a profundidade delas, a que elas nos remetem, o que sinalizam e simbolizam para nós. Cada situação vivida – e com ela todas as mediações materiais, históricas e emocionais – evoca lembranças, imagens e símbolos que nutrem a interioridade humana. São sacramentos de algo muito maior e mais amplo. Esse movimento promove um estado de consciência pelo qual podemos perceber o todo e como nos integramos a ele. "Perceber a profundidade do mundo e de todas as coisas bem como a nossa própria constitui aquilo que chamamos de *espírito*. Este não é parte do ser humano, mas aquele momento de consciência pelo qual vivenciamos o significado e o valor das coisas" (BOFF; HATHAWAY, 2012, p. 426). Tal visão possibilita ao ser humano uma singularidade. Ao ir ao encontro de sua profundeza, ele se encontra consigo mesmo, com todo o seu redor, quer seja nas relações interpessoais, sociais e históricas, quer seja nas relações com a natureza e com o cosmo, e com o grande Outro, Deus, fundamento e centro da vida. Tal profundeza representa a possibilidade espiritual humana, o que chamamos de espiritualidade, que não é monopólio de qualquer religião, cultura ou pensamento, mas que se encontra nas diferentes pessoas, grupos e estágios da vida. Ela se dirige e se abre ao amor acolhedor de Deus, à integração com o Todo.

Portanto, a espiritualidade se expressa em aspectos práticos e concretos da vida social e política, e estão destacados aí os processos de defesa da vida, da justiça social e econômica, dos direitos humanos e da terra, da cidadania e da dignidade dos pobres, o domínio da lógica do egoísmo tanto em esferas macro e sistêmicas como no cotidiano e na vida pessoal. A espiritualidade gera espaço de consciência social, alteridade e coexistencialidade, e cordialidade, humanização e integração cósmica. Ela é o empoderamento da vida, não somente humana, mas em todas as suas mais diversas formas de manifestação. Nas palavras dos autores:

> Assim, a espiritualidade é um modo de ser, uma atitude fundamental a ser vivida a todo momento e em todas as circunstâncias. Seja na arrumação da casa, seja trabalhando numa fábrica, dirigindo o carro, conversando com os amigos, experimentando um momento íntimo com nossos entes amados; as pessoas que criam espaços para o profundo e para o espiritual se tornam centradas, serenas, e cheias de paz. Elas irradiam vitalidade e entusiasmo porque têm Deus dentro de si. Esse

Deus é amor, o qual, nas palavras de Dante, move os céus, as estrelas e nossos próprios corações (BOFF; HATHAWAY, 2012, p. 428).

Tal perspectiva espiritual revela-se imprescindível para o futuro da humanidade e da Terra. Trata-se de uma abertura à sensibilidade com os outros e à cooperação e respeito à vida humana e à natureza, perceber o mundo natural, material e humano como fontes vivas de energia e de responder ao chamado à comunhão entre eles, em espiritualidade comunitária e ecológica, vital para a sobrevivência da biosfera.

## A contribuição da fé cristã à ecoespiritualidade

A relação entre ecologia, espiritualidade e tradição cristã é necessária por diferentes razões. A primeira delas refere-se a uma dimensão de caráter mais negativo e crítico ligada ao fato de o Cristianismo ter em suas condições históricas, especialmente as raízes europeias, uma conexão com os processos de exploração colonial e, mais recentemente, com os processos destrutivos do capitalismo corporativo global. Trata-se de uma autocrítica do Cristianismo por ter-se vinculado com as culturas patológicas e disfuncionais produtoras de pilhagem industrial e consumismo. Com isso, surge outra razão, de fundo bíblico e teológico, que é a pergunta, não tanto sobre o Cristianismo, mas sobre a fé cristã – se é possível fazermos tal distinção: Quais são os ensinamentos de Jesus em relação ao cuidado com o mundo? O que a visão bíblica apresenta como contribuição para a salvação do planeta?

A pressuposição bíblica é que a vida e os ensinamentos de Jesus estão em contraposição à lógica imperialista de exploração dos pobres e da Terra. É fato que há, tanto do Antigo como do Novo Testamento, interpretações que levam à ideia de jugo e de domínio humano sobre a natureza. Ou mesmo interpretações dualistas e dicotômicas, especialmente dos escritos paulinos de termos como "carne" e "espírito", respectivamente como algo mau e algo bom; ou, igualmente, "corpo" e "alma", o primeiro ligado ao pecado e às realidades negativas e o segundo como preferência e ligado ao religioso; ou, ainda, as dicotomias material e espiritual, o mundo e o Reino, o secular e o sagrado e outras que não cooperam com a valorização da vida em sociedade e da natureza. A Bíblia, ao contrário, revela outra visão: toda a criação pertence a Deus e tudo o que foi feito por ele é bom e bendito. Trata-se de uma perspectiva holística, integral, que valoriza o ser humano e a natureza em sua totalidade e em sua inter-relacionalidade.

Mesmo as expressões "dominar" e "subjugar", que aparecem nos textos bíblicos, não precisam ser interpretadas em uma chave antropocêntrica e dominadora. Elas podem ser compreendidas dentro de uma perspectiva de alteridade e comunhão, ao se identificarem com uma atitude de reiteração da consciência humana ou com um aprofundamento da interioridade.

> Dessa forma, a humanidade é vista no Gênesis como uma expressão da Terra. Fomos criados de maneira a termos uma conexão especial com o planeta, somos formados pelo seu próprio corpo como se fôssemos filhos da Terra. Somos a Terra na qual o sopro se tornou imanente. Somos a Terra feita numa maneira de consciência. Não estamos acima ou sobre ela, mas somos parte dela.
> Assim sendo, somos chamados a viver um relacionamento profundo e consciente com a Terra e com o processo criativo. Resgatamos nossa humanidade quando resgatamos nossa "terracidade", quando reconhecemos que somos parte da grande comunidade da Terra (BOFF; HATHAWAY, 2012, p. 434).

E não param os exemplos bíblicos... A encarnação de Cristo é a afirmação de que o corpo é bom e que a matéria, a humanidade e a história são igualmente boas. A Igreja é como o corpo de Cristo e o humano é o templo do Espírito, e Deus está em tudo e tudo está em Deus (pan-en-teísmo). Jesus, em sua humanidade, nos leva à divindade, como revela a conhecida expressão "humano assim como Jesus só sendo divino mesmo!". Ele, gerado no ventre de Maria, feito da poeira cósmica como os humanos, aprendeu a andar, a falar, a amar a Deus e a realizar sua vontade no mundo. A encarnação é um enraizamento no cosmo, um ato de limitação no tempo e no espaço, um esvaziamento (*kénosis*). Jesus nasceu judeu, morreu sob o poder de Pôncio Pilatos e sua ressurreição redimensiona o tempo e o espaço, pois "Cristo é tudo em todos" (cf. Cl 3,11), evoluindo ao superar divisões e preconceitos, e alcança uma dimensão cósmica, "pois é nele que foram criadas todas as coisas" (Cl 1,16).

O Espírito trouxe Jesus de volta da morte, dá origem à Igreja, valorizando aí a memória da vida concreta de Jesus na história (At 2,32) e possibilitando que os seres humanos sintam o entusiasmo e a exuberância da vida e possam compreender a variedade de dons, de experiências e de energias que sustentam a vida. "A manifestação do Espírito é dada a cada um, para o que for útil" (cf. 1Cor 12,7). Portanto, a dimensão espiritual não está em contraposição ao material, ao corpóreo e ao histórico; ela se expressa nesses aspectos e os redimensiona e ressignifica em amor. A espiritualidade possibilita o encontro com Deus em sua própria casa: a natureza e a vida humana.

Pensando em termos religiosos mais globais, espera-se que cada tradição espiritual procure no interior e nos fundamentos delas mesmas os discernimentos que possam levar ao reverenciamento da vida, ao direcionamento de uma ética de compartilhamento e cuidado da vida em suas dimensões humana e cósmica, ao despertar para a visão de que o sagrado está presente na história e no cosmo. "Se fizermos assim, teremos acesso a uma fonte de inspiração duradoura e profunda, a qual pode servir para o estouro de uma revolução espiritual que possa realmente salvar a Terra e enriquecer a qualidade da vida humana" (BOFF; HATHAWAY, 2012, p. 462).

## *Espiritualidade e teologia*

Como sabemos, a obra de Leonardo Boff no tocante à espiritualidade é amplíssima. Para finalizar, pensei em um jogo de palavras utilizando alguns títulos dos principais livros que o autor tem nos oferecido ao longo de sua trajetória teológica. Eles estarão grafados em itálico, constituindo as frases seguintes, seguidos da cidade, editora e ano de publicação para colaborar com os interessados em aprofundar os temas. Lembrem-se: é um jogo de palavras! Brincar um pouco com elas... Para mim, foi como uma "eucaristia acadêmica", pois reuni à mesa todos esses livros e cada qual que pelas minhas mãos saía da estante trazia uma lembrança, algumas ainda do tempo de estudante, uma marca profunda, uma indicação de caminhos, uma alegre gratidão. Não seria, então, uma eucaristia? Assim, fui montando a mesa e me realimentando dela. Pode ser que uma ou outra frase das que virão a seguir soe um pouco artificial ou superficial, mas saibam que elas escondem um tesouro teológico, desenterrado em solo brasileiro e que reluz pelo mundo inteiro, mostrando a dor dos povos latino-americanos em primeiro plano, mas que se junta ao sofrimento de todas as pessoas ao redor deste mundo e o da natureza que "geme e suporta angústias até agora" (cf. Rm 8,22).

O trabalho de Boff valoriza com destacada ênfase a *Ecologia, grito da terra, grito dos pobres* (São Paulo: Ática, 1999). Para isso, com profundidade e sensibilidade política e religiosa, relaciona *Ecologia, mundialização e espiritualidade* com *a emergência de um novo paradigma* (São Paulo: Ática, 1993). Trata-se de uma *Opção Terra* (Rio de Janeiro: Record, 2009) ou de estabelecer um *Princípio terra: a volta à terra como pátria comum* (São Paulo: Ática, 1995). Para isso, não mede esforços de análises transdisciplinares sempre consistentes para refletir sobre o *Ethos mundial: consenso mínimo entre os humanos* (Brasília: Letraviva, 2000) e sobre *Sustentabilidade: o que é – o que não é* (Petrópolis: Vozes, 2012). Ecumenicamente, Boff nos mostra *O tao da libertação: explorando a ecologia da transformação* (Petrópolis: Vozes, 2012 – com Mark Hathaway), preocupa-se igualmente com temas como o *Fundamentalismo: a globalização e o futuro da humanidade* (Rio de Janeiro: Sextante, 2002), a *Globalização: desafios socioeconômicos, éticos e educativos* (Petrópolis: Vozes, 2002) e também com a relação *Fundamentalismo, terrorismo, religião e paz* (Petrópolis: Vozes, 2009). Tudo isso sob *A força da ternura: pensamentos para um mundo igualitário, solidário, pleno e amoroso* (Petrópolis: Sextante, 2006).

Longe de intimismos e de subjetivismos individualistas, o autor, acima de tudo, compreende *Espiritualidade* como *um caminho de transformação* (Rio de Janeiro: Sextante, 2001). Para ele, por exemplo, *O Pai-Nosso é a oração da libertação integral* (Petrópolis: Vozes, 1979) e *A oração de São Francisco: uma mensagem de paz para o mundo atual* (Rio de Janeiro: Sextante, 1999). Assim, valoriza *Mestre Eckhart: a mística do ser e do não ser* (Petrópolis: Vozes, 1983), ao destacar *O livro da divina consolação* (6. ed. Petrópolis: Vozes, 2006). A profundidade espiritual de Boff não o faz esquecer que *O Senhor é meu pastor, consolo divino para o desamparo humano* (Rio de Janeiro: Sextante, 2004). Portanto, seguindo as águas de seu berço teológico comprometido com a libertação, ele articula a fé e a política, a religião e a vida, e busca a interação entre os aspectos mais racionais da vida com a *Mística e a espiritualidade* (Rio de Janeiro: Rocco, 1994 – com Frei Betto). Assim, é a visão sobre a *Nova evangelização: na perspectiva dos oprimidos* (Petrópolis: Vozes, 1990), sobre a *América Latina: da conquista à nova evangelização* (São Paulo: Ática, 1992) e também sobre a emergência de uma nova civilização planetária e a relação do Cristianismo com a nova ordem mundial. Trata-se de uma *Nova era: a civilização planetária* (São Paulo: Ática, 1994).

A visão espiritual de Boff está firmada na *Ética da vida* (Brasília: Letraviva, 1999). Trata-se de *Saber cuidar: ética do humano, compaixão pela terra* (Petrópolis: Vozes, 1999). Preocupado com a espiritualidade e o futuro da humanidade, propõe uma ampla reflexão *Do iceberg à arca de Noé: o nascimento de uma ética planetária* (Rio de Janeiro: Garamond, 2002). Inspirado pelos caminhos abertos pelos fóruns sociais mundiais, Leonardo apresenta *Virtudes para um outro mundo possível* (Petrópolis: Vozes): *hospitalidade, direito e dever de todos* (v. 1, 2005), *convivência, respeito e tolerância* (v. 2, 2006), *comer e beber juntos e viver em paz* (v. 3, 2006). Portanto, o autor se mobiliza em busca de um *Princípio de compaixão e cuidado* (Petrópolis: Vozes, 2009) e, em torno da *Ética e moral: na busca dos fundamentos* (Petrópolis: Vozes, 2003), enfatiza, com Jean-Yves Leloup e Pierre Weil, *O Espírito na saúde* (Petrópolis: Vozes, 2008), e nos mostra que o importante é *Libertar para a comunhão e participação* (Rio de Janeiro: CRB, 1980). A espiritualidade não se separa da vida.

São muitas as raízes do pensamento de Boff. A contribuição dele no campo de uma antropologia integrada é substancial. Há tempos, Boff busca *O destino do homem e do mundo: ensaio sobre a vocação humana* (Petrópolis: Vozes, 1973). É ele quem nos pergunta sobre o *Homem: satã ou anjo bom?* (Rio de Janeiro: Record, 2008). Fala das possibilidades e limites do humano; apresenta dimensões fundamentais da existência humana como *A águia e a galinha: uma metáfora da condição humana* (Petrópolis: Vozes, 1997) e as aprofunda realçando *O despertar da águia: o dia-bólico e o sim-bólico na construção da realidade* (Petrópolis: Vozes, 1998). Daí a sua busca incessante pelo *Tempo de transcendência: o ser humano como um projeto infinito* (Rio de Janeiro: Sextante, 2000). Boff sempre compreendeu que a *Crise é oportunidade de crescimento* (Campinas: Verus, 2002). Para ele, isso representa a *Vida segundo o Espírito* (Petrópolis: Vozes, 1981). Ainda no campo antropológico, contribui com visões integralizadoras que geram, naturalmente, formas maduras e saudáveis de espiritualidade. Ele não se esquece do *Rosto materno de Deus* (11. ed. Petrópolis: Vozes, 2011), da *Ave-Maria: o feminino e o Espírito Santo* (9. ed. Petrópolis: Vozes, 2009), do *Masculino e feminino: uma nova consciência para o encontro das diferenças* (Rio de Janeiro: Sextante, 2002 – com Rose Marie Muraro) e *experiências vividas* (Rio de Janeiro: Record, 2007 – com Lúcia Ribeiro).

A espiritualidade é uma presença permanente nas reflexões de Boff, mesmo em diferentes áreas do conhecimento teológico. A teologia do autor caminha sempre na direção de *Experimentar Deus* (Petrópolis: Vozes, 2010). É um esforço e um prazer de relacionar *Graça e experiência humana* (Petrópolis: Vozes, 2011). Com ampla e profunda dimensão ecumênica, Boff se doa para oferecer bases sólidas para uma vivência autêntica da fé cristã. É o que chamou de *Cristianismo: o mínimo do mínimo* (Petrópolis: Vozes, 2011). Mobilizado pela comunhão, pela participação e pela integração do divino e do humano, preocupou-se atentamente com a *Trindade, a sociedade e a libertação* (Petrópolis: Vozes, 1986) e afirma que *A Santíssima Trindade é a melhor comunidade* (Petrópolis: Vozes, 1988). Surge, daí, um enorme reforço à espiritualidade de comunhão.

Na cristologia, ele sempre se perguntou sobre *Como pregar a cruz hoje numa sociedade de crucificados?* (Petrópolis: Vozes, 1986), que é a *Cruz nossa de cada dia* (Petrópolis: Vozes, 2011). Boff articula com precisão o *Jesus Cristo libertador* (Petrópolis: Vozes, 1972) com *O evangelho do Cristo cósmico: a busca da unidade do todo na ciência e na religião* (Rio de Janeiro: Record, 2008), revela-nos com nitidez a *Paixão de Cristo, paixão do mundo* (7. ed. Petrópolis: Vozes, 2011) e mostra-nos o lado escatológico ao associar *A ressurreição de Cristo e a nossa ressurreição na morte* (Petrópolis: Vozes, 1972) e apresenta-nos os caminhos da *Vida para além da morte. O presente: seu futuro, sua festa, sua contestação* (Petrópolis: Vozes, 1973). A *Via-sacra para quem quer viver* (Campinas: Verus, 2003) é a *Via-sacra da ressurreição* (Petrópolis: Vozes, 1982).

Há quem o condene. Mas, para mim, foi fonte de profunda espiritualidade descobrir a *Igreja, carisma e poder: ensaios de eclesiologia militante* (Petrópolis: Vozes, 1981). Fiquei encantado por saber das possibilidades de graça e de ação libertadora da Igreja, mas também de seus pecados. Não havia ainda ouvido falar, pelo menos dessa forma, dos pecados da Igreja.

Eu tinha dezoitos anos e estava no seminário teológico! Foi e é emocionante descobrir *O caminhar da Igreja com os oprimidos: do vale das lágrimas à terra prometida* (Rio de Janeiro: Codecri, 1981), que *A Igreja se fez povo. Eclesiogênese: a Igreja que nasce da fé do povo* (Petrópolis: Vozes, 1986), a *Comunidade eclesial, comunidade política: ensaios de eclesiologia política* (Petrópolis: Vozes, 1978 – com Clodovis Boff), *Os sacramentos da vida e a vida dos sacramentos* (Petrópolis: Vozes, 1975). Também contribuiu com as reflexões sobre *A vida religiosa e a Igreja no processo de libertação* (Petrópolis: Vozes, 1975).

Boff nos presenteia também com a sua visão pastoral, social e política, marcada pela ótica bíblica *Da libertação: o teológico das libertações sociopolíticas* (Petrópolis: Vozes, 1979 – com Clodovis Boff). É a *Teologia do cativeiro e da libertação* (Petrópolis: Vozes, 1980). A partir de uma visão da *Teologia à escuta do povo* (Petrópolis: Vozes, 1984), ele nos mostra *A fé na periferia do mundo* (Petrópolis: Vozes, 1978), nos faz caminhar pela *Via-sacra da justiça* (Petrópolis: Vozes, 1978), lembra-nos *Do lugar do pobre* (Petrópolis: Vozes, 1984) e *Novas formas da Igreja: o futuro de um povo a caminho* (Campinas: Verus, 2003), que muito bem reuniu ao falar de *Ética e ecoespiritualidade* (Petrópolis: Vozes, 2010); ensina-nos com testemunho pessoal *Como fazer teologia da libertação* (Petrópolis: Vozes, 1986) e permanentemente reflete sobre a *Teologia da libertação no debate atual* (Petrópolis: Vozes, 1985 – ambos com Clodovis Boff). Sempre se perguntou *Depois de 500 anos: que Brasil queremos?* (Petrópolis: Vozes, 2003). Se Deus nos der óculos cujas lentes sejam feitas de graça e de bondade, iremos descobrir um vale precioso de espiritualidade em todos esses caminhos.

Boff é anunciador da esperança! Ele nos mostra *Brasas sobre cinzas* (Rio de Janeiro: Record, 1996). E se avolumam textos e materiais didáticos que nos encantam a alma e renovam a esperança. Quem já não descobriu com ele o *Natal: a humanidade e a jovialidade de nosso Deus* (Petrópolis: Vozes, 2009)? Quem já não viu o *Ovo da esperança: o sentido da festa da Páscoa* (Rio de Janeiro: Mar de Ideias, 2007) e o *Sol da esperança – Natal: histórias, poesias e símbolos* (Rio de Janeiro: Mar de Ideias, 2007)? E a *Meditação da luz* (Petrópolis: Vozes, 2010)? Quem não conheceu por suas mãos *Francisco de Assis: ternura e vigor* (12. ed. Petrópolis: Vozes, 2009) e *homem do paraíso* (4. ed. Petrópolis: Vozes, 1999) ou *São José: a personificação do Pai*

(Campinas: Verus, 2005)? Creio que podemos *Responder florindo* (Rio de Janeiro: Garamond, 2004).

Quero, ainda, lembrar algo que eu, particularmente, tenho me esforçado por fazer: construir uma "Teologia no Plural". Esse tem sido meu norte, minhas preocupações na pesquisa teológica e na vida. Leonardo Boff nos mostra "novas fronteiras da libertação" e o "resgate da mística e da subjetividade". É *A voz do arco-íris* (Brasília: Letraviva, 2000).

## Últimas considerações

Como já indicado, as visões acerca da espiritualidade têm sido marcadas nas Igrejas por forte concepção individualista, por um desprezo do cuidado com a natureza e uma desconsideração da criação como um todo, das relações sociais e comunitárias e do compromisso com a vida, com a justiça e com os destinos da história. Esse quadro é o que parece marcar a realidade das Igrejas nos dias de hoje.

Nossa perspectiva teológica e pastoral considera que para reverter o referido cenário é necessária a elucidação de uma perspectiva salvífica mais substancialmente bíblica, que realce a dimensão ampla e integral que a salvação possui. Obviamente, vários esforços teológicos precisam ser feitos, devidamente articulados com aspectos práticos que possibilitem essa nova visão.

Nesta reflexão realizamos três abordagens. A primeira, ligada à tradição teológica metodista, com base no pensamento de John Wesley, fundador do movimento metodista, que cultivou e propôs uma espiritualidade integral, conectada com a natureza e com a história. Seguindo a tradição teológica protestante, desde Lutero, afirmamos que a graça de Deus atua na impossibilidade humana, mas sem deixar de considerar as suas possibilidades, tanto nas relações com a natureza e o cosmo como nas dimensões e desafios que a história nos apresenta. A graça, dentro dessa compreensão, é a fonte genuína da espiritualidade integral que tanto desejamos.

A segunda abordagem foi pneumatológica, baseada na teologia da esperança de Jürgen Moltmann. Destacamos a sua doutrina ecológica da criação e a visão que ele possui ao acentuar a íntima relação entre os projetos históricos e os horizontes de esperança. Além disso, sua teologia valoriza os processos políticos, as iniciativas de promoção da vida humana em sentido amplo e a preservação da integridade da criação. Destacamos que a teologia de Moltmann se caracteriza pelo acento trinitário que permite boa articulação dos elementos de caráter mais objetivos da fé e da reflexão teológica com aqueles mais subjetivos que geram formas de espiritualidade compromissadas com a realidade da vida e com os destinos do mundo.

Por fim, enfatizamos a contribuição teológica de Leonardo Boff. Ela está baseada na visão, imprescindível para o futuro da humanidade, de uma espiritualidade que seja valorizadora da vida, sensível ao cuidado com a natureza e com os pobres, que diga respeito ao todo, aberta aos mistérios do universo e atenta aos principais desafios sociais e políticos que hoje se apresentam ao mundo. O que foi sinalizado revela uma abertura à sensibilidade com os outros e à cooperação e respeito à vida humana e à natureza. Com isso, pode-se perceber os mundos natural, material e humano como fontes vivas de energia e caminhar em direção à resposta ao chamado à comunhão entre eles. A contribuição da fé cristã à ecoespiritualidade, como visto, é fundamental para as dimensões de integração pessoal, comunitária e ecológica, assim como é vital para a sobrevivência da biosfera.

Desejamos, a partir dessas abordagens, vislumbrar uma espiritualidade que valorize a vida, seja sensível ao cuidado com a natureza, percebendo até mesmo nela o lugar de salvação da mesma forma que olhamos para o humano. Trata-se de uma espiritualidade que por ser ecológica defende os pobres e aprende com eles e que se coloca aberta aos mistérios do universo e do mundo, relacionando-os com os desafios sociais e políticos que a vida nos apresenta.

## Referências bibliográficas

BAÉZ-CAMARGO, Gonzalo. *Gênio e espírito do metodismo wesleyano.* São Paulo: Imprensa Metodista, 1986.

BOFF, Leonardo; HATHAWAY, Mark. *O tao da libertação;* explorando a ecologia da transformação. Petrópolis: Vozes, 2012.

BURTNER, Robert. W.; CHILES, Robert E. *Coletânea da teologia de João Wesley.* São Paulo: JUGEC/Imprensa Metodista, 1960.

HINSON, William J. *A dinâmica do pensamento de João Wesley*. São Paulo: Imprensa Metodista, [s.d.].

IDÍGORAS, J. L. *Vocabulário teológico para a América Latina*. São Paulo: Paulus, 1983.

KLAIBER, Walter; MARQUARDT, Manfred. *Viver na Graça de Deus;* um compêndio de teologia metodista. São Bernardo do Campo: Editeo/Cedro, 1999.

MOLTMANN, Jürgen. *A fonte da vida;* o Espírito Santo e a teologia da vida. São Paulo: Loyola, 2002.

_____. *Deus na criação;* a doutrina ecológica da criação. Petrópolis: Vozes, 1993.

_____. *O Espírito da vida;* uma pneumatologia integral. Petrópolis: Vozes, 1999.

_____. *Trindade e Reino de Deus;* uma contribuição para a teologia. Petrópolis: Vozes, 2000.

PINTO DE CASTRO, Clóvis (org.). *Meio ambiente e missão;* a responsabilidade ecológica das Igrejas. São Bernardo do Campo: Umesp/Editeo, 2003.

RUNYON, Theodore. *A nova criação;* a teologia de João Wesley hoje. São Bernardo do Campo: Editeo, 2002.

WESLEY, John. *The Bicentennial Edition of Works of John Wesley.* Nashville: Abingdon Press, 1985. vol. 2.

# À guisa de confissão

> "Porque não faço o bem que quero,
> mas o mal que não quero esse faço."
> (cf. Rm 7,19)

> "Lapidar minha procura toda trama,
> lapidar o que o coração com toda inspiração
> achou de nomear gritando alma...
> Recriar cada momento belo já vivido e mais,
> atravessar fronteiras do amanhecer
> e ao entardecer olhar com calma
> e então alma vai além de tudo
> que o nosso mundo ousa perceber."
> (Milton Nascimento, *Anima*)

Escrever estas palavras poderia ser tarefa simples se não fosse a consequente necessidade de contribuir para torná-las uma realidade cada vez mais presente. Não se trata de negar todo o ambiente de gratuidade que envolveu estas páginas, nem de pensar que é possível chegar a Deus por esforços próprios. Mas significa confessar a disposição de seguir a trilha do Espírito tendo em vista os mais desafiadores e diferentes caminhos de vivência da espiritualidade.

Todavia, não seria necessário afirmar que a dedicação pastoral nem sempre possui a intensidade que as demandas da ação missionária requerem; que o espírito fraterno e de compreensão nem sempre é exercido; que nem sempre exercito a solidariedade e a partilha; que a diversidade não é valorizada em todas as circunstâncias e que meu caminho (método) teológico nem sempre é plural.

Como não fui capaz de realizar uma *conclusão*, mas apenas uma *confissão*, e como seria talvez muitíssimo contraditório concluir algo que é misterioso e profundo, optei por apresentar nesta parte final de minhas reflexões dois pequenos textos que escrevi anteriormente. O primeiro, vinte anos atrás, em meio a estudos e indagações sobre a vida, chamei-o "É possível ser igual a Deus?". O segundo é um esboço de sermão que proferi na Faculdade de Teologia da Universidade Metodista de São Paulo, onde leciono. Em ambos, procuro fazer jus ao título desta inconclusa finalização de minhas reflexões teológicas sobre espiritualidade e, igualmente, busco uma luz para que libertação e gratuidade sejam bem conjugadas. Vamos a eles.

## É possível ser igual a Deus?

[Escrito em 1992, antes de todos os outros textos.]

Por vezes penso poder alcançar a Deus. Enquadrá-lo nos esquemas filosóficos, racionais e até mesmo teológicos (ainda mais que as elaborações teológicas latino-americanas têm sido por demais presas ao pragmatismo e imediatismo, tornando teologias "aplicadas" e pouco utópicas). Creio já ter superado a proposta dos religiosos de chegar a Deus com seus ritos, orações eloquentes, boas obras e vida regrada. Mas ainda me sinto esfaqueado quando me deparo subestimando as formas de ver o mundo e a Deus presentes na vida do "outro" para ensinar a minha sábia doutrina (autoritarismo). Ou mesmo quando nego tais visões, por existir somente aquela a qual validei por minha própria razão (totalitarismo).

Ah... a ilusão do poder humano! O ser humano é ambíguo porque julga ser onisciente. Eu mesmo, muitas vezes, guardo a ilusão de saber, se não todas as coisas, ao menos aquelas que me fazem justo diante de Deus (justificação pelo conhecimento). Constantemente identifico com clareza o bem e o mal, tal como fez Adão; separo o joio do trigo, como desejavam os fariseus. Além disso, não recuso facilmente "as primeiras cadeiras nas sinagogas e os primeiros lugares nos banquetes", a exemplo dos escribas, pois sei que o saber e o poder vivem juntos (Foucault).

A Modernidade tem-nos deixado a todos com esta ilusão: sabemos tudo, instrumentalizamos todas as coisas, controlamos todo o universo. O ser humano é sem limites como Deus, o qual pensa ter criado à sua própria semelhança.

Ambíguo em seu saber, ambíguo em seu poder, o ser humano estará sempre em difíceis situações se depender dele próprio. O pragmatismo político que advém de boa parte de nossas propostas pastorais – como referido há pouco – evidencia a ambiguidade humana em querer "transformar pedras em pão", receber "autoridade e glória" dos reinos deste mundo ou "ordenar aos anjos a guarda do alto do templo" (cf. Lc 4). Quantas vezes caímos em tentação desejando agradar a Deus com práticas assistencialistas ou identificando seu Reino com sistemas políticos "reais" [e quem não se lembra do "socialismo real", do "plano real"?]. Quantas vezes fazemos da tarefa teológica política eclesiástica, ou poupamos reis, governantes, pontífices com mensagens "doces" e "prostradas"? O desejo de poder do ser humano sinaliza sua ambiguidade. Talvez, julguemos ser onipotentes como Deus.

Ainda confesso a pouca ousadia, a segurança, o discernimento em detrimento da coragem evangélica. No plano pessoal é tão difícil desenvolver projetos que nos exijam a desinstalação: mudar de local – especialmente para um mais pobre –, conviver com o diferente, revisar os conceitos... Essa capacidade de se abrir/voar/aventurar transformaria qualitativamente, no plano institucional, a perspectiva ecumênica das Igrejas, o diálogo com outras religiões e culturas e todo o anúncio das boas-novas (evangelização).

E mais ambiguidades humanas... Saber como Deus sabe, poder como ele pode, chegar até mesmo a ele são coisas que, "no fundo, no fundo", eu gostaria de ter. E se eu soubesse e pudesse todas as coisas, completaria meu desejo de não morrer. Eu queria ser eterno como Deus.

Sei que isso é pecado porque só Deus é eterno e somente ele pode eternizar-me, mas, de forma ambígua, estabeleço essa *hybris*. Não falo da morte para não "despertar a consciência de minha finitude". Quero expulsá-la da realidade da minha vida porque assim seguirei controlando o meu viver, poupando as emoções, o dinheiro, as energias, a coragem. A morte desconcerta-me diante de Deus porque, para evitá-la, deixo de amar desprendidamente, acumulo discernimentos exagerados e evito prazeres que o puritanismo protestante condena e a moral católica abomina.

É lamentável, mas o desejo de não morrer não nos permite "amar a Deus sobre todas as coisas e ao próximo como a nós mesmos". Recordo-me de uma expressão que me tocou profundamente:

> A ilusão da onipotência é a extinção do amor, a eliminação do território do encontro com o Outro, pois, ao não saber mais coabitar com o morrer

que se inscreve em minha existência, eu o projeto na própria negação do direito à alteridade do Outro, pois a exclusão da minha morte é a exclusão radical da minha própria "alteridade em mim" (BARTHOLO, 1992, p. 90).

Na relação com Deus, o ser humano, em sua ambiguidade, busca espelhos em vez de luz; poder e não serviço; razão, esquecendo a fé. Eu sou o lobo do humano (Hobbes), o maior dos discípulos (Lc 22,24ss), "o início, o fim e o meio".

Todavia, fui criado à imagem e semelhança de Deus, não posso sucumbir em minha própria ambiguidade. É possível outro caminho. Sei que, numa proposta de humanidade integral, a relação do ser humano com Deus pode ser nova e distinta. O caminho é reverso. Deus acrescenta, ao ser humano, a fé. Em meio à ambiguidade, o ser humano abre-se para Deus, seguindo os passos de Jesus: ao curar no sábado, comer e beber com pecadores, acolher prostitutas, atenuar o sofrimento humano...

As atividades pastorais – sempre árduas – não podem ser caminho de salvação pessoal. Elas precisam estar revestidas de um amor gratuito. Se todas as dimensões do ser humano forem valorizadas em sua relação com Deus, o sofrer entrará no grande projeto utópico do Reino de Deus até o momento de sua eliminação (Ap 21).

Eu gostaria de assumir a ambiguidade humana para relacionar-me com Deus. Sentiria melhor com ele reconhecendo minha incapacidade de perdoar, amar, partilhar (degradação). A autenticidade é fonte de felicidade e lugar de encontro com Deus.

Gostaria também – embora "as coisas que desejo fazer não as faço" – de morrer a cada instante em minhas certezas, poderes e seguranças. Perder a vida para ganhá-la, como Cristo, que "todo o tempo aponta para o risco de se estar vivo e ter-se que viver esse risco confiante apenas na misericórdia de Deus" (BOTAS, 1992).

Para Deus, é preciso escutá-lo como Maria (Lc 10,39), segui-lo como os pobres pescadores (Mt 4,14), defendê-lo como Estêvão (At 7), adorá-lo como a samaritana na fonte (Jo 4). Como Jesus, em sua radicalidade que o levou à morte, "é preciso amar as pessoas como se não houvesse amanhã" (Legião Urbana).

Para Deus, é bom ser feliz. Sem medo... Sem medo de ser. Reunindo coragem e discernimento; "entristecido, mas sempre alegre, pobre mas enriquecendo a muitos, nada tendo mas possuindo tudo" (Apóstolo Paulo).

Tenho prazer em subir os morros ou andar nas ruas empoeiradas da Baixada Fluminense, Rio de Janeiro – mesmo debaixo de um sol escaldante –, para visitar famílias que amo. Posso ouvir seus problemas e rir com seus filhos. Procuro não poupar atenção e solidariedade ativa para com os que sofrem. Prefiro esse "esforço" aos meus improvisados e repetitivos sermões.

Gosto de dançar – embora não saiba com desenvoltura –, de andar pelas aleias do Jardim Botânico, de conversar depois do culto, de amar e ser amado.

Não gosto de ser questionado, embora reconheça que Deus age assim comigo quando me mostra, por diferentes maneiras, outras realidades que não a minha. Falar e ouvir a sua Palavra: caminho para uma boa relação do ser humano com Deus.

Se reconheço as ambiguidades humanas, posso sentir a dimensão divina presente no perdão de Deus. Para ser humanizadora e integral, é preciso fazer da relação com Deus uma pauta para vida com os semelhantes e com o mundo em geral. Mas como posso amar a Deus – a quem não vejo – se não consigo nem sequer amar meus irmãos, a quem vejo? Ao menos que Deus me ajude a ser humano.

## Referências bibliográficas

BARTHOLO, Roberto S. *A dor de Fausto*. Rio de Janeiro: Revan, 1992.
BOTAS, Paulo Cesar. Esboço para uma teologia da proscrição. *Contexto Pastoral* 2(7) (mar./abr. 1992).

## Jesus, o caminho e a nossa vida

[Esboço de sermão pregado em 2009.]

Não se turbe o vosso coração; credes em Deus, crede também em mim.

Na casa de meu Pai há muitas moradas; se não fosse assim, eu vo-lo teria dito. Vou preparar-vos lugar.

E quando eu for, e vos preparar lugar, virei outra vez, e vos levarei para mim mesmo, para que onde eu estiver, estejais vós também.

Mesmo vós sabeis para onde vou, e conheceis o caminho.

Disse-lhe Tomé: Senhor, nós não sabemos para onde vais; e como podemos saber o caminho?

Disse-lhe Jesus: Eu sou o caminho, e a verdade e a vida; ninguém vem ao Pai, senão por mim.

Se vós me conhecêsseis a mim, também conheceríeis a meu Pai; e já desde agora o conheceis, e o tendes visto.

Disse-lhe Filipe: Senhor, mostra-nos o Pai, o que nos basta.

Disse-lhe Jesus: Estou há tanto tempo convosco, e não me tendes conhecido, Filipe? Quem me vê a mim vê o Pai; e como dizes tu: Mostra-nos o Pai?

Não crês tu que eu estou no Pai, e que o Pai está em mim? As palavras que eu vos digo não as digo de mim mesmo, mas o Pai, que está em mim, é quem faz as obras.

Crede-me que estou no Pai, e o Pai em mim; crede-me, ao menos, por causa das mesmas obras.

Na verdade, na verdade vos digo que aquele que crê em mim também fará as obras que eu faço, e as fará maiores do que estas, porque eu vou para meu Pai.

E tudo quanto pedirdes em meu nome eu o farei, para que o Pai seja glorificado no Filho.

Se pedirdes alguma coisa em meu nome, eu o farei.

(cf. Jo 14,1-14)

## À GUISA DE CONFISSÃO

O Evangelho de João é um livro belíssimo que nos revela o amor de Deus e com sua linguagem poética nos encanta quando nos sentimos cansados de nós mesmos e das mesmices de nossas ideias, sempre tão racionais e calculistas. É o Evangelho de João que diz que o "Espírito Santo, como o vento, sopra onde quer" (cf. 3,8). Ele nos *consola* quando estamos em meio a perdas de pessoas, de vitalidade ou de projetos políticos e pastorais. É tão ruim perder, mas o Evangelho, que é Boa-Nova, diz "não se turbe o vosso coração" (14,1). Ele também nos *anima* quando nos sentimos fracos diante da conjuntura das Igrejas ou das possibilidades de um mundo melhor. É o Evangelho de João que vai enfatizar a verdade, *alethéia* no grego, *a* [que quer dizer negação] da *lethéia* [letargia, paralisia, perplexidade imobilizadora]. Jesus é a verdade (14,6), ou seja, ele é a negação da letargia, da paralisação, do estático.

O Evangelho de João nos revela o dinamismo do caminho ou o método-vivo [metodismo!] (pois as duas palavras, caminho e método, vêm de *rodós*, no grego)... O Evangelho, portanto, nos mostra o método-vivo de ser cristão e de fazer teologia, que é a força para seguir na vida, fazer as obras de Deus (v. 12) e viver na fé – "andar com fé eu vou, que a fé não costuma 'faiá'", diz a canção [Gilberto Gil, *Andar com fé*].

O texto que nos dá base para esta reflexão está inserido em um contexto eucarístico. Basta ver os primeiros versículos do capítulo 13. É durante a ceia que tais coisas se revelam. Na intimidade da refeição, da partilha do alimento, nós conhecemos as pessoas, percebemos com maior nitidez o caminho que elas trilham. E assim se dá esse diálogo de Jesus com os seus amigos sobre a verdade e sobre a vida.

Embora de grande beleza, essa "conversa" amorosa de Jesus foi vivida em clima de tensão, cheio de *pedras* [como essas que estão ornamentando o nosso espaço celebrativo]. Para iluminar o caminho dos tempos difíceis em que viviam os cristãos na época da escrita do texto, era necessário lembrar que décadas atrás outras perturbações também foram vividas. A destruição do templo, e com isso a incerteza quanto a Jerusalém como morada de Deus, um certo medo e apatia e mesmo um esquecimento dos pontos principais da fé faziam com que o evangelista, portador das boas-novas, lembrasse que "na casa do meu pai há muitas moradas" (v. 2), não é só Jerusalém e não é só de uma única forma que a fé se expressa. A vida, a Igreja ou a política podem desabar, mas "haverá um lugar preparado para nós" (cf. v. 3) "e nós conhecemos o caminho" (cf. v. 4). O evangelista lembra também que nem todos vão se vender para o Império – "credes em Deus, crede também em mim" (v. 1) – e que é possível caminhar diante do sonho de realização da vontade de Deus neste mundo, mesmo quando perguntamos "Senhor, não sabemos para onde vais. Como podemos conhecer o caminho?" (v. 5). É a crise dos paradigmas de que falamos desde a década de 1990, é a falência dos projetos utópicos que nos deixa em desvantagem diante das propostas fundamentalistas, tanto religiosas como políticas...

Mas há, para nós, cristãos, um caminho de esperança: Jesus. Ele é o caminho para Deus. E sermos considerados como aqueles do Caminho foi a primeira identificação dos cristãos. Ser cristão, portanto, é caminhar com Jesus nas trilhas dessa vida.

Mas, antes de trilharmos o caminho da esperança, vamos ainda nos deter um pouco mais na realidade da vida e do texto, mesmo que nos doa os pés, ao pisar as *pedras* do caminho. O texto começa falando de perturbação. Para iluminar o caminho e o coração perturbados dessa comunidade são trazidas à memória a traição de Judas (v. 13) e a negação de Pedro (v. 13). Essas experiências que tanto afligiram os discípulos e que tanto magoaram Jesus eram agora lembradas para fortalecer a fé, para mostrar que já tinha sido pior, que Jesus também havia enfrentado lutas e desilusões [não é só hoje!]. Não vamos fazer juízo das pessoas nesse momento; mesmo porque todos nós somos um "pouquinho" Judas e um "pouquinho" Pedro. Mas que a disposição em seguir o caminho de Jesus tem sido traída e negada é fato. Não é mesmo?

É nesse sentido que o Evangelho de João nos mostra o caminho – para nós mesmos [aqui não se refere aos de outras religiões, mas aos que seguiam a Cristo]. São para esses, os próprios cristãos, que o Evangelho diz que ninguém vai ao Pai senão por Jesus (v. 6). Nós precisamos entender que para agradar a Deus temos de estar no seguimento de Jesus. Ele é o caminho.

Dessa forma, temos de olhar para Jesus e ver que caminhos ele trilhou. E também olhar para nós e ver por onde andamos e se, de fato, podemos cantar a antiga canção "andar como Jesus andou; amar como Jesus amou...".

## À GUISA DE CONFISSÃO

O que eu gostaria de propor, diante da Palavra de Deus que foi lida, é, em primeiro lugar, procurando evitar tentações demagógicas, falar para mim mesmo e também para o fortalecimento de nossa fé nessa comunidade. Então eu fiz um "jogo" com as palavras – a de Deus em Jesus e a da vida, com as contradições e também com as possibilidades que ela tem. Termino a reflexão com esse jogo, que julgo ser de profunda espiritualidade e responsabilidade:

- O caminho de Jesus levava a lugares distantes; o meu caminho é perto de casa.

- Ele passava por Samaria, pedia água para beber, mesmo que fosse a mulher de religião oposta, como a samaritana em Jo 4; eu *compro* água em copos descartáveis de plástico e evito conversar com "qualquer pessoa".

- Jesus comia nas casas das pessoas; nós pregamos nos cultos e fazemos reuniões com a liderança da Igreja.

- Ele ouviu o lamento da mulher siro-fenícia e mudou de ideia; eu sempre falo às pessoas e fico feliz quando elas mudam de pensamento.

- Jesus viajava por caminhos áridos, conversava com as pessoas simples e dava atenção aos mais pobres, como em Lc 14; nós damos mais ouvido às autoridades.

- Ele perdia tempo conversando com Tomé e Filipe; eu me fecho em meu mundo e pouco converso.

- Ao andar, Jesus curava os leprosos; e eu chorei quando vi o jovem revolucionário abraçando-os no filme *Diários de motocicleta*.

- Jesus contava estórias a partir da vida; eu dou aulas de teologia a partir de conceitos.

- Ao caminhar, ele observou com atenção que a viúva pobre ofertou tudo o que tinha; nós temos pouco tempo para observar a vida como ela é.

- Ele andava pela Galileia falando do amor de Deus; nós construímos igrejas.

- Jesus foi à festa na casa de Levi no meio de publicanos e pecadores e disse que os sãos não precisam de médico (Lc 5,31); eu vivo em um círculo muito restrito de pessoas parecidas comigo.

- Jesus é o caminho, a verdade e a vida; e mesmo reconhecendo as *pedras*, os desvios e atalhos feitos, eu quero estar andando por ele.

Impresso na gráfica da
Pia Sociedade Filhas de São Paulo
Via Raposo Tavares, km 19,145
05577-300 - São Paulo, SP - Brasil - 2013